Le monde méditerranéen au IXe siècle

Fiche 1

? *Quels sont les grands empires au IXe siècle ?*

Document 1 Les empires du monde méditerranéen au IXe siècle

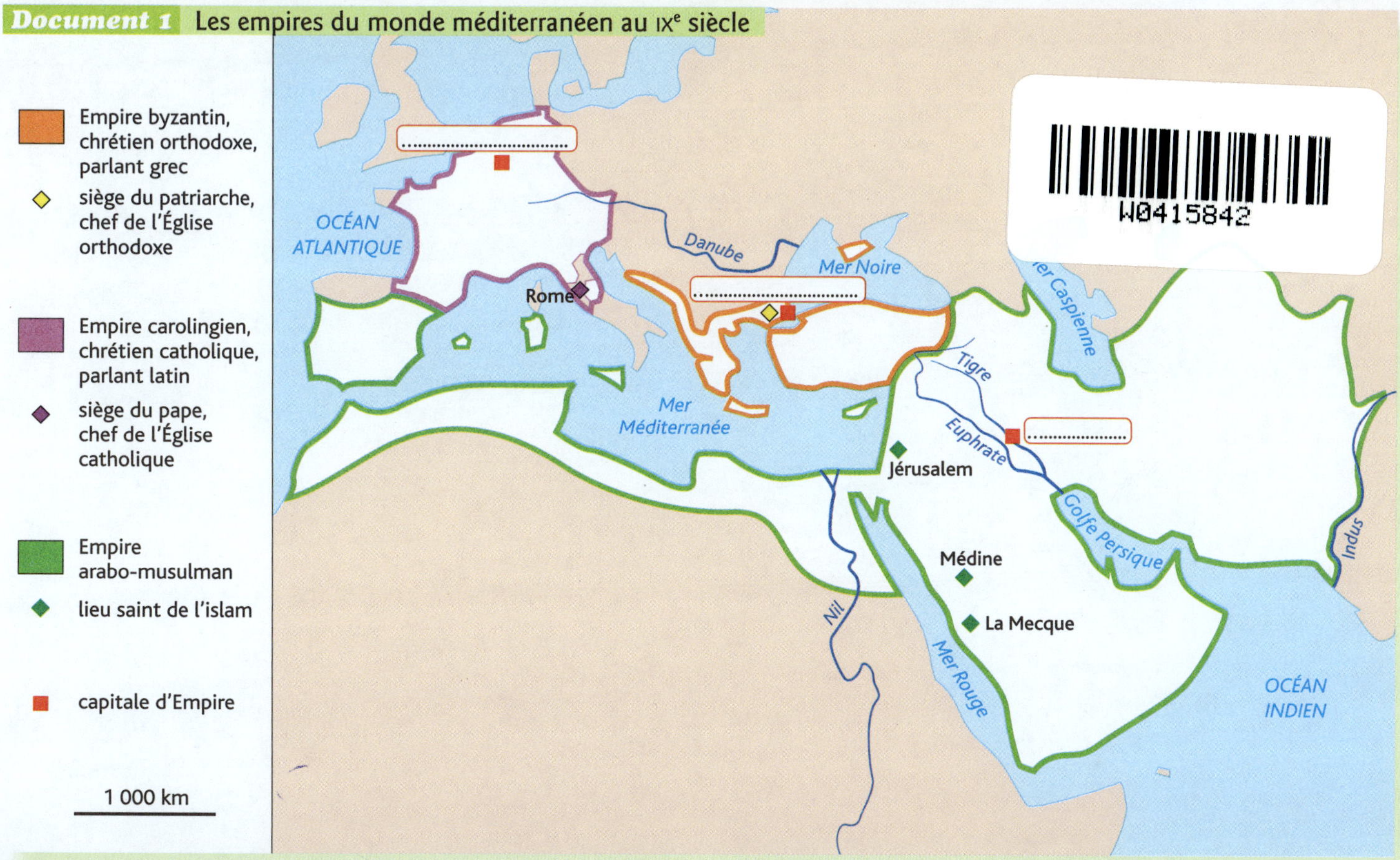

1 Sur la carte, colorie selon la légende l'Empire byzantin, puis écris le nom de sa capitale.

2 Quelle est la religion majoritaire dans l'empire ? Quel titre porte son chef religieux et dans quelle ville a-t-il son siège ?

....

....

....

3 Sur la carte, colorie selon la légende l'Empire carolingien, puis écris le nom de sa capitale.

4 Quelle est la religion majoritaire dans l'empire ? Quel titre porte son chef religieux et dans quelle ville a-t-il son siège ?

....

....

....

5 Quel est le point commun et la différence entre ces deux empires ?

....

....

....

....

6 Sur la carte, colorie selon la légende l'Empire arabo-musulman, puis écris le nom de sa capitale au IXe siècle.

7 Quelle est la religion majoritaire dans l'empire ? Souligne sur la carte le nom de ses lieux saints.

....

....

....

....

Je m'évalue

Socle 1, 2	Analyser un document	→ 2 4 5 7	○ ○ ○ ○
Socle 1, 2	Se repérer dans l'espace	→ 1 3 6	○ ○ ○ ○
Socle 1, 2	Pratiquer différents langages	→ 1 3 6 7	○ ○ ○ ○

L'Empire byzantin du VIe au XIIIe siècle

Fiche 2

? *Quelle est l'évolution de l'Empire byzantin et qui le gouverne ?*

Document 1 L'Empire byzantin, une longue histoire

Document 2 L'évolution territoriale de l'Empire byzantin

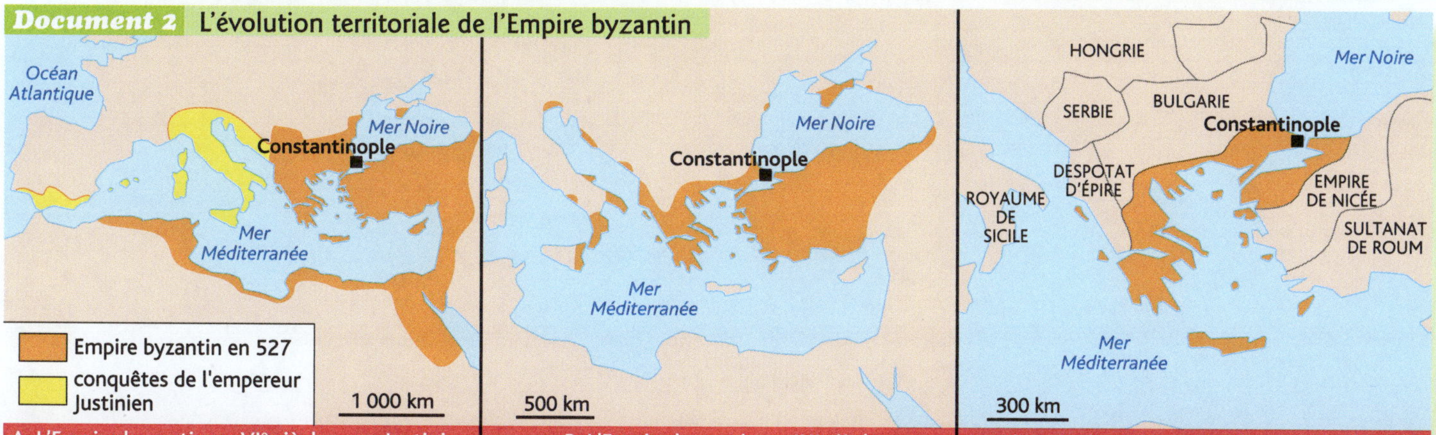

A. L'Empire byzantin au VIe siècle sous Justinien | B. L'Empire byzantin au IXe siècle | C. L'Empire byzantin après la croisade de 1204

1 Sur la frise (doc. 1), entoure en rouge la date du début de l'histoire de l'Empire byzantin. De quel empire est-il l'héritier ?

....

2 Entoure en vert l'évènement et la date marquant la fin de cet empire.

3 Combien de temps environ cet empire a-t-il duré ?

....

4 D'après le document 2A, qu'a réalisé l'empereur Justinien au VIe siècle ?

....

5 À l'aide des cartes 2A et 2B, quelle évolution territoriale de l'empire peut-on constater ?

....

6 Sur la frise, souligne l'évènement qui se déroule en 1204. D'après la carte 2C, que devient alors l'Empire byzantin ?

....

7 Sur le document 3, écris dans la case correspondante le numéro de chaque élément indiqué en légende.

Document 3 Le couronnement du *basileus* en 811

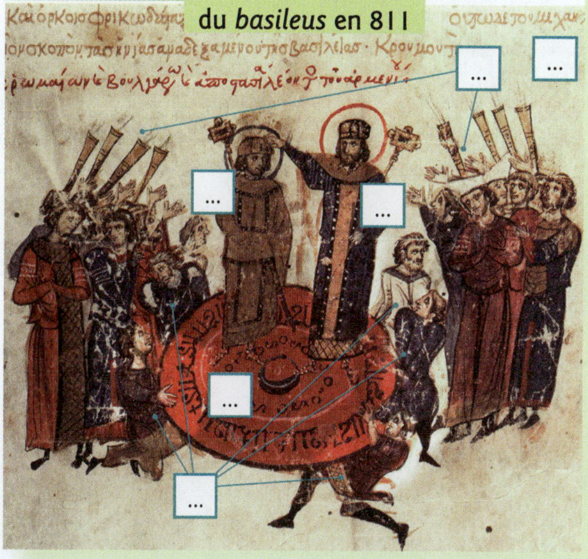

Miniature extraite de la Chronique de Jean Skylitzès dit de Madrid, XIe siècle, Bibliothèque nationale d'Espagne à Madrid.
❶ L'empereur Michel Ier (*basileus*, « roi » en grec, titre officiel des empereurs byzantins) ❷ Le patriarche orthodoxe Nicéphore Ier ❸ Le bouclier ❹ Les soldats soutenant le bouclier ❺ Le peuple qui acclame le souverain ❻ Texte en grec

8 Quel est le titre des empereurs byzantins et comment est illustré leur caractère sacré ?

....

....

Je m'évalue

Socle 1, 2	Analyser un document	→ 1 4 8	○	○	○	○
Socle 1, 2	Se repérer dans l'espace et dans le temps	→ 3 5 6	○	○	○	○
Socle 1, 2	Pratiquer différents langages	→ 1 2 6 7	○	○	○	○

L'Empire carolingien

Fiche 3

❓ *Quelle est l'évolution de l'empire de Charlemagne ?*

Document 1 L'évolution territoriale de l'Empire carolingien

A. L'Empire carolingien sous Charlemagne (768-814)

- royaume de Charlemagne en 768
- ■ capitale de l'Empire
- 1 conquêtes de Charlemagne
- 2 *marches* : régions contrôlées par l'armée carolingienne

B. La fin de l'Empire carolingien après 843

Le partage de Verdun par les petits-fils de Charlemagne en 843 :
- Charles le Chauve
- Lothaire
- Louis le Germanique

Les invasions :
- Vikings
- Hongrois
- Sarrasins

Document 2 Charlemagne couronné empereur

« À Rome, le pape Léon attendit Charlemagne sur les marches de la basilique Saint-Pierre. Accompagné des évêques, il reçut le roi à sa descente de cheval. Ceci se passa le 24 novembre 800.

Le 25 décembre 800, tandis que Charlemagne se levait après avoir entendu la messe, le pape Léon lui mit une couronne sur la tête et tout le peuple des Romains l'acclama en criant : "Vie et victoire à Charles, Auguste, couronné par Dieu, grand et pacifique empereur des Romains !" Et après ces acclamations, Charles fut adoré à la manière des anciens empereurs. On l'appela empereur et Auguste. »

Les Annales royales, IXe siècle.

1 D'après le document 1, à quelle date débute le règne de Charlemagne ?

....

2 Sur la carte 1A, colorie selon la légende : Les territoires conquis par Charlemagne • Les territoires contrôlés par l'armée carolingienne

3 D'après le document 2, quand, où et par qui Charlemagne est-il couronné empereur ?

....

4 Souligne les expressions du texte qui évoquent l'Empire romain.

5 Entoure les passages montrant l'aspect religieux et sacré de ce couronnement.

6 D'après la carte 1B, que devient son empire après 843 ?

....

7 À quelles menaces ses héritiers sont-ils confrontés ?

....

....

Je m'évalue

Socle 1, 2	Analyser un document	→ 2 3 4 5 6 7	○	○	○	○
Socle 1, 2	Se repérer dans l'espace et dans le temps	→ 1 2	○	○	○	○
Socle 1, 2	Pratiquer différents langages	→ 2	○	○	○	○

L'Empire arabo-musulman

Fiche 4

? *Quelle est l'évolution de l'Empire arabo-musulman et qui le gouverne ?*

Je définis

L'**Hégire** est le départ de Mahomet de La Mecque pour Médine en 622. Elle marque le début de l'ère musulmane.

Document 1 L'évolution de l'Empire arabo-musulman

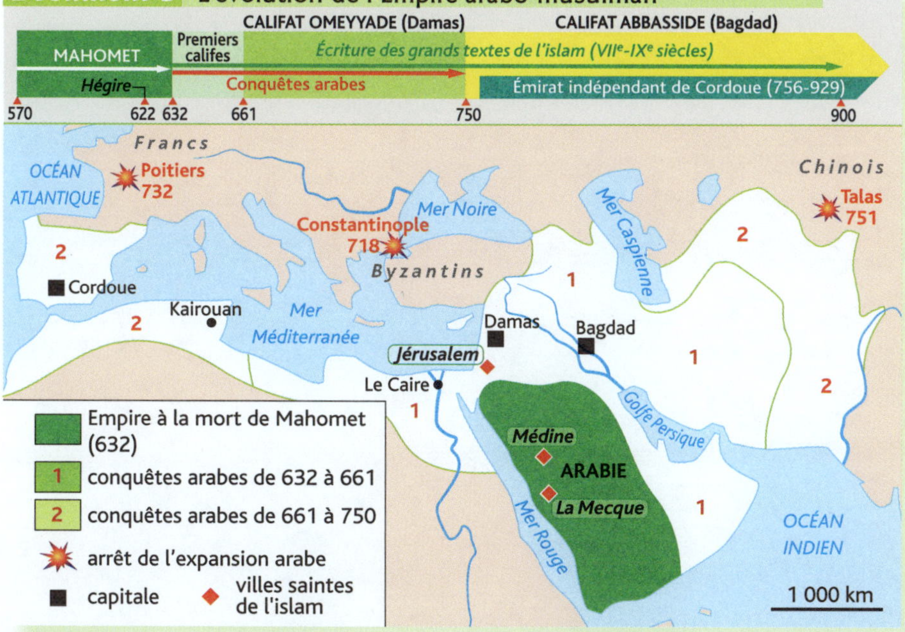

1 D'après le document 1, qui fonde l'Empire arabo-musulman ?

....

2 Durant quelle période a-t-il vécu ? Quelle religion a-t-il fondée ?

....

3 Quel titre est donné à ses successeurs ?

....

4 Sur la carte, colorie selon la légende les territoires conquis de 632 à 750.

5 D'après la frise, quelles sont les deux dynasties qui ont gouverné l'empire ?

....

6 D'après le document 2, à quelle dynastie appartient le calife Haroun al-Rachid et quand a-t-il régné ?

....

7 Quels sont ses pouvoirs et quelle est sa capitale ?

....

....

Document 2 Haroun al-Rachid, un grand calife abbasside (786-809)

« Voilà que mon cœur saigne à cette nouvelle ! Notre calife[1], Haroun al-Rachid a quitté cette terre pour rejoindre Allah et son Prophète. Haroun al-Rachid – qu'Allah le protège ! – sera accueilli au paradis car il a réalisé toutes les obligations de notre foi. Il s'est acquitté du pèlerinage à La Mecque : Ó ville sainte parmi toutes !

Il est connu au-delà des mers, jusqu'aux territoires du Couchant, où vit un empereur du nom de Charlemagne. Celui-ci a reçu des cadeaux somptueux de notre calife et l'assurance que les infidèles, qui se disent chrétiens, seront traités avec bienveillance en terre d'islam.

Mais à cette heure, comment ne pas haïr ces autres peuples aux frontières, traîtres et infidèles, qui ont tué notre chef vénéré ! De Bagdad partent déjà, avec les mille caravanes qui traversent le Tigre, tous les récits : ils vont rejoindre les contrées lointaines du Levant et du Couchant. Tant d'hommes de sciences sont venus chercher protection et récompense au service du calife ! Tant d'autres arrivent encore dans la "*Maison de la Sagesse*", cette Académie des sciences qui fait de Bagdad la capitale des Savoirs ! »

Extrait adapté des *Mille et Une Nuits*, recueil de contes populaires en arabe, d'origine persane et indienne, mis par écrit au XIIIe siècle.

1. Successeur de Mahomet, chef politique, religieux et militaire des musulmans.

8 Souligne en rouge les passages faisant référence à la religion de ce calife.

9 Entoure le passage montrant ses contacts politiques avec le monde chrétien.

10 Souligne en vert le passage évoquant son intérêt pour la culture et les sciences.

Je m'évalue

Socle 1, 2	Analyser un document	→ 1 2 3 4 5 6 7 8 9 10	○ ○ ○ ○
Socle 1, 2	Se repérer dans l'espace et dans le temps	→ 1 2 4 5	○ ○ ○ ○
Socle 1, 2	Pratiquer différents langages	→ 4	○ ○ ○ ○
Socle 1	Maîtriser le vocabulaire	→ *Je définis*	○ ○ ○ ○

La Méditerranée, un espace de contacts

Fiche 5

? *Quels contacts existe-il entre ces trois empires ?*

Document 1 Affrontements et échanges en Méditerranée (Xe-XIIIe siècles)

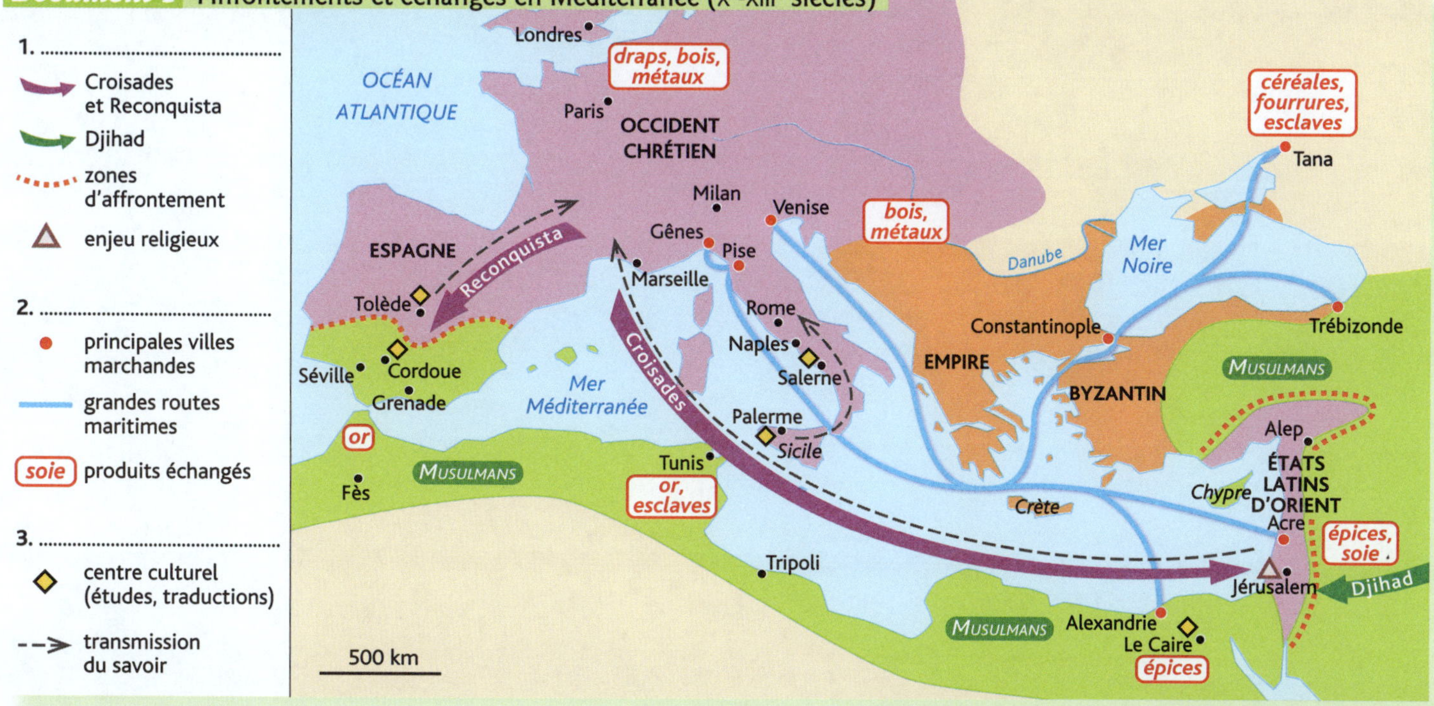

1 Présente le document 1 (nature, thème, période représentée).

....

2 À l'aide des propositions suivantes, complète les trois titres de la légende : Échanges culturels • Affrontements militaires • Échanges commerciaux

3 Dans la légende, entoure :
- en rouge, le nom donné aux expéditions militaires des chrétiens contre les musulmans ;
- en vert, le nom donné aux expéditions militaires des musulmans contre les chrétiens.

4 Dans quelles régions ces affrontements ont-ils lieu ?

....

5 D'après la carte, comment se manifestent les échanges et les contacts pacifiques entre les mondes chrétien et musulman ?

....

6 Souligne sur la carte les grandes villes marchandes.

7 D'après le document 2, qui est Avicenne et qu'est-ce qui l'a rendu célèbre en Occident ?

....

Document 2 Planche illustrée du Canon de médecine d'Avicenne

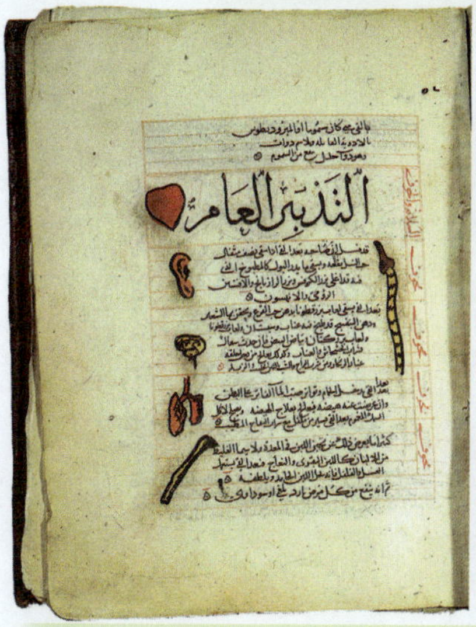

Au XIIe siècle, l'Occident médiéval, alors en pleine croisade, rapporte d'Orient les ouvrages du musulman Avicenne, philosophe, médecin et savant iranien du XIe siècle (980-1037), dont les ouvrages sont notamment traduits à Tolède. Le Moyen Âge chrétien et universitaire découvre alors l'œuvre considérable d'Avicenne, tant en médecine qu'en philosophie. Son Canon devient la base de l'enseignement de la médecine en Occident jusqu'au XVIe siècle.

8 À partir des documents 1 et 2, par quels centres et comment se diffusent les savoirs dans le monde méditerranéen au cours du Moyen Âge ?

....

....

....

Je m'évalue

Socle 1, 2	Analyser un document	→ 1 5 7 8	○	○	○	○
Socle 1, 2	Se repérer dans l'espace	→ 4 6 8	○	○	○	○
Socle 1, 2	Pratiquer différents langages	→ 2 3 6	○	○	○	○

La société féodale

? *Quels liens unissent les hommes du Moyen Âge ?*

Document 1 Les trois ordres de la société médiévale

« La société est divisée en trois classes (ou ordres) : les prêtres, les chevaliers et les paysans [...] ; chacune d'elles est utile aux deux autres. Celle des prêtres a des obligations envers les chevaliers qui lui assurent la sécurité pour prier Dieu. Elle a aussi des obligations envers les paysans qui lui procurent par leurs travaux la nourriture [...]. Les paysans, de leur côté, sont élevés jusqu'à Dieu par les prières des prêtres et sont défendus par les armes des chevaliers. Les chevaliers eux sont nourris par le produit des impôts versés par les paysans ; les prières des prêtres les protègent. »

D'après Gérard Ier, évêque de Cambrai de 1013 à 1051, 1036.

Document 2 L'organisation de la société féodale

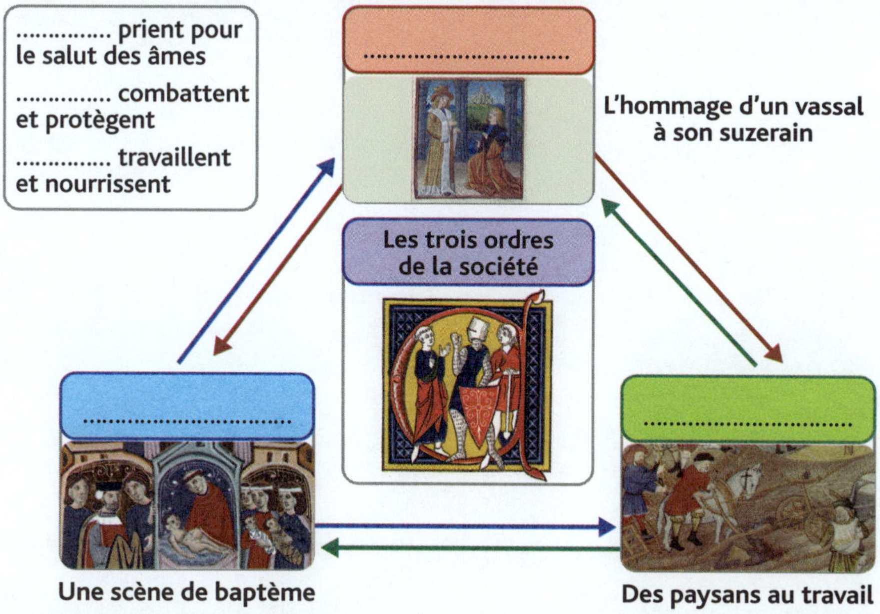

Document 3 L'hommage d'un vassal à son seigneur

« Le 12 janvier, en présence de moi, Piers Maderan, notaire, et de nobles seigneurs, Gaston, comte de Foix et vicomte de Béarn, se présenta devant le très noble et très puissant seigneur Edward, fils de notre seigneur le roi d'Angleterre, prince d'Aquitaine et de Galles. Le sire Gaston, étant à genou, tenant ses mains jointes entre les deux mains de notre noble prince, a fait foi, serment et hommage pour les fiefs qu'il tient de lui.

Le sire Gaston a promis de faire tout ce que bon et loyal vassal doit et est tenu de faire à son suzerain [son seigneur]. Et il jura fidélité, plaçant ses mains sur le Livre[1] et la croix, qu'il tiendrait sa parole. Après avoir reçu son hommage et serment de loyauté, le prince embrassa son vassal. »

Hommage de Gaston Fébus, comte de Foix, au Prince Noir (12 janvier 1364). D'après le procès-verbal des hommages rendus au prince de Galles par les seigneurs et les villes de la principauté d'Aquitaine.

1. La Bible.

Je définis

Un **fief** est un bien accordé par un seigneur à un vassal en échange de services.
Un **vassal** est une personne liée à un seigneur par la cérémonie de l'hommage.

1 Sur le document 1, entoure les trois ordres de la société, puis écris leur nom dans la case correspondante sur le document 2.

2 Dans le texte (doc. 1), souligne les fonctions de chacun des trois ordres :
- en bleu, celles des prêtres ;
- en rouge, celles des chevaliers ;
- en vert, celles des paysans.

3 Complète la légende du document 2 en traçant une flèche de la couleur qui convient en face de la fonction de chaque ordre.

4 Dans le document 3, entoure en rouge le nom du suzerain (seigneur), en bleu le nom du vassal.

5 Quel geste font-ils en signe d'alliance ?

....

....

....

6 Souligne ce que jure le vassal à son seigneur et sur quels objets sacrés. Que reçoit-il en échange ?

....

7 À l'aide des trois documents, montre qu'au Moyen Âge, les hommes sont liés par des obligations réciproques.

....

....

Je m'évalue

Socle 1, 2	Analyser un document	→ 1 2 3 4 5 6 7	○ ○ ○ ○
Socle 1, 2	Pratiquer différents langages	→ 1 2 3	○ ○ ○ ○
Socle 1	Maîtriser le vocabulaire	→ *Je définis*	○ ○ ○ ○

L'ordre seigneurial en Occident féodal

? *Comment s'organise une seigneurie ?*

Je définis
Une **seigneurie** est le domaine sur lequel le seigneur exerce son pouvoir.

Document 1 Une seigneurie, cadre de vie des seigneurs et des paysans

Enluminure du cartulaire du couvent des Billettes à Paris, vers 1520-1530, BNF, Paris.

Les constructions
1. Château du seigneur
2. Maison forte (résidence fortifiée) d'un vassal
3. Couvent et son église
4. Église du village
5. Moulins du seigneur *(à écrire deux fois)*
6. Maisons paysannes
7. Route et ponts *(à écrire deux fois)*

Les éléments du terroir
- A Réserve du seigneur
- B Forêts du seigneur *(à écrire trois fois)*
- C Tenures cultivées par les paysans *(à écrire trois fois)*
- D Pâturages pour le bétail

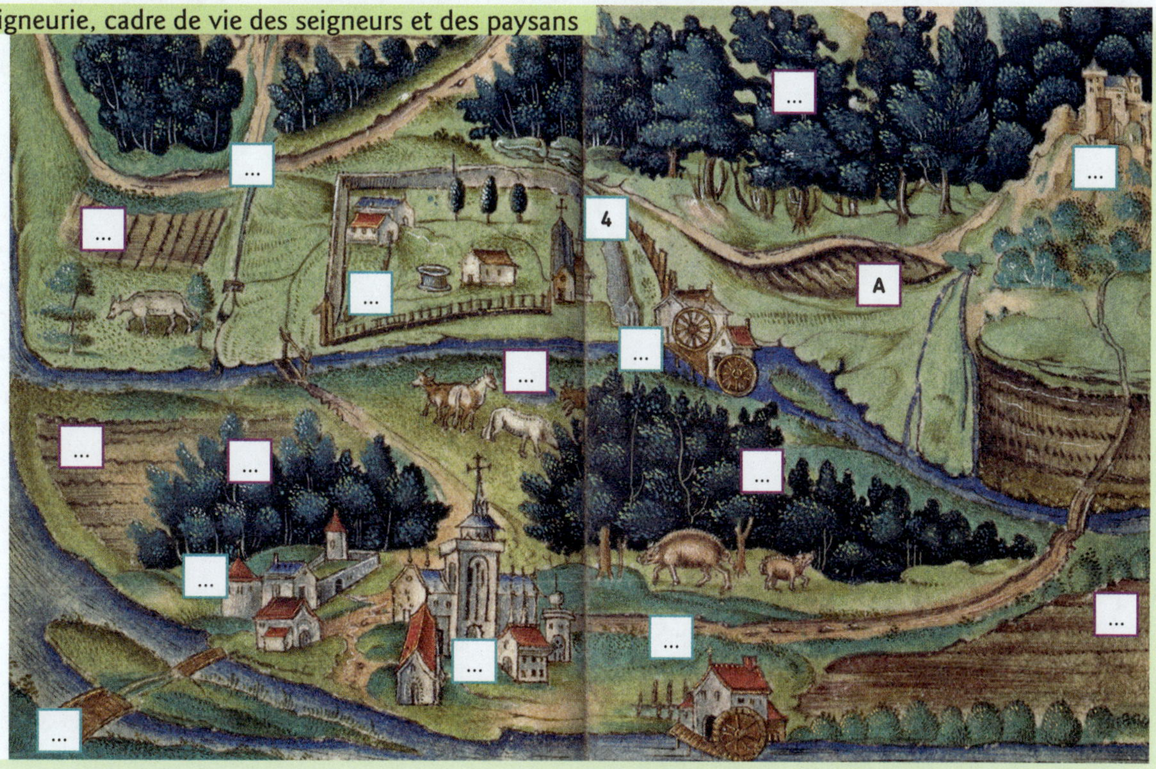

Je définis
La **réserve** est composée des terres que le seigneur garde pour lui-même.
Les **tenures** sont les terres cédées par le seigneur aux paysans contre des taxes (le cens) et des corvées sur la réserve.

Je définis
Les **banalités** sont les taxes payées au seigneur pour utiliser son four, son moulin, son pressoir.
La **taille** est une taxe payée par le paysan en échange de la protection du seigneur.
Les **corvées** désignent un travail forcé et gratuit.

Document 2 Le seigneur, maître de la seigneurie

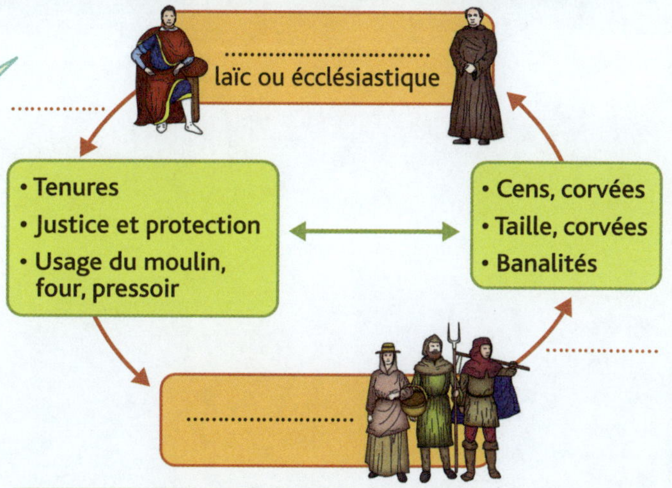

1 Sur le document 1, à partir de la légende, écris dans la case qui convient :
- le numéro des différentes constructions d'une seigneurie ;
- la lettre des différents éléments du terroir de la seigneurie.

2 Comment la seigneurie est-elle protégée ?

....

....

....

....

3 Complète le document 2 en replaçant les termes suivants : Seigneur • Fournit • Paysans • Doivent

4 Qu'est-ce qui montre la forte domination des seigneurs sur les paysans ?

....

....

....

....

Je m'évalue

Socle 1, 2	Analyser un document	→ 2	○ ○ ○ ○
Socle 1, 2	Pratiquer différents langages	→ 1 3	○ ○ ○ ○
Socle 1, 2	Raisonner	→ 4	○ ○ ○ ○
Socle 1	Maîtriser le vocabulaire	→ *Je définis*	○ ○ ○ ○

Les campagnes au Moyen Âge

Fiche 8

? *Quelles sont les principales évolutions des campagnes ?*

Document 1 Les grands défrichements du Xᵉ au XIIIᵉ siècle

« Les défrichements ont permis de cultiver de vastes étendues gagnées sur les landes, la forêt, les marécages. [...] L'aire des défrichements couvre toute l'Europe occidentale [...]. Ces défrichements s'étendent du Xᵉ au XIIIᵉ siècle, et ont pour origine la poussée démographique qui rendait nécessaire l'extension des terres cultivées ; mais ils n'ont été rendus possibles que par un progrès de l'outillage : remplacement progressif de l'araire par la charrue, dans les régions à sol lourd ; amélioration de l'outillage en fer (collier d'épaule et ferrure du cheval notamment).
La première vague de ces défrichements, aux Xᵉ et XIᵉ siècles, était due à des initiatives individuelles et dispersées : les paysans grignotaient peu à peu l'espace inculte [non cultivé] avoisinant leurs champs. [...] D'abord indifférents, les seigneurs et l'Église allaient vite mesurer les ressources qu'ils pouvaient tirer de ces nouvelles parcelles : ils imposèrent au paysan des redevances généralement en nature (champart, corvées...). [...]
C'est cet intérêt nouveau des seigneurs pour les défrichements qui est à l'origine de la deuxième vague, qui marque l'apogée du mouvement, au XIIᵉ siècle. [...] »

Françoise Moyen, « Défrichements, histoire médiévale », Encyclopædia Universalis, (www.universalis.fr/encyclopedie/defrichements-histoire-medievale).

Document 2 Défrichements et nouveaux villages dans la forêt de Boixe (Charente)

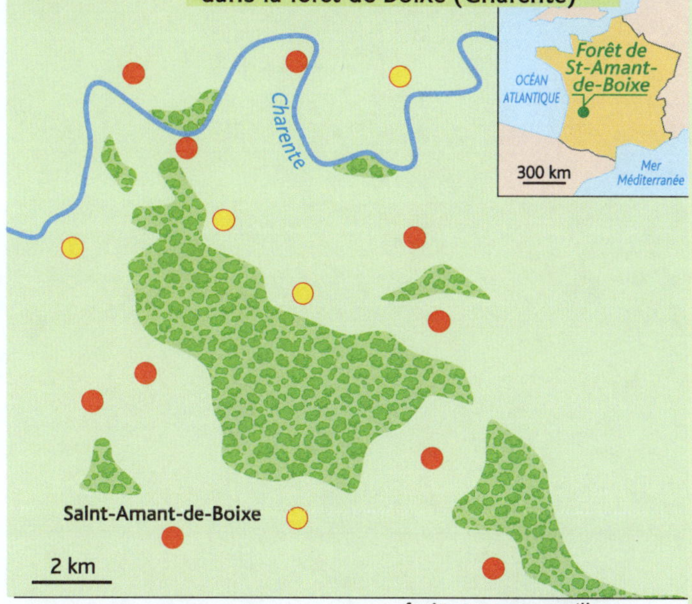

forêt et villages existant avant le XIᵉ siècle
forêt et nouveaux villages après les grands défrichements du XIᵉ au XIIIᵉ siècle

1 Dans le document 1, souligne ce qu'ont permis les défrichements.

2 Quelle raison explique ce mouvement de défrichement en Europe entre les Xᵉ et XIIIᵉ siècles ?

....

....

3 Entoure les progrès techniques qui ont permis ces défrichements.

4 Qui en a pris l'initiative dans un premier temps ?

....

5 Pourquoi les seigneurs et l'Église encouragent-ils ensuite ces défrichements ?

....

....

6 D'après la carte (doc. 2), quelles sont les conséquences des défrichements sur la région de la Boixe en Charente ?

....

....

....

7 Complète le schéma à l'aide des expressions.

Nouveaux revenus pour les seigneurs • Augmentation de la population • Défrichements • Recul de la forêt • Progrès de l'outillage • Nouveaux villages

Causes et conséquences des défrichements du Xᵉ au XIIIᵉ siècle

[.................. + ...] → [..................] → [.................. + ...] → [..................]

Je m'évalue

Socle 1, 2	Analyser un document	→ 1 2 3 4 5 6	○ ○ ○ ○
Socle 1, 2	Pratiquer différents langages	→ 7	○ ○ ○ ○
Socle 1, 2	Raisonner	→ 7	○ ○ ○ ○

Les villes au cœur du commerce médiéval

? *Comment expliquer l'essor des villes ?*

1 D'après la carte, quels sont les principaux marchands qui sont au cœur du commerce en Europe ?

....

....

2 À l'aide de la légende, colorie sur la carte les cases des produits commercés par les marchands du Nord et par les marchands italiens.

3 Quelles sont les deux grandes régions de production textile ?

....

....

4 Dans quelle région de France les marchands échangent-ils leurs produits ?

....

5 Qu'est-ce que cette région organise dans ses villes en faveur des échanges ?

....

....

6 Sur le document 2, écris dans les cases correspondantes les éléments qui composent une ville médiévale indiqués en légende.

7 Qu'est-ce qui montre que le commerce est une source de revenus pour la ville ?

....

....

....

8 Quels nouveaux quartiers montrent l'expansion de la ville ?

....

Document 1 Le commerce en Europe au Moyen Âge

Les foires de Champagne

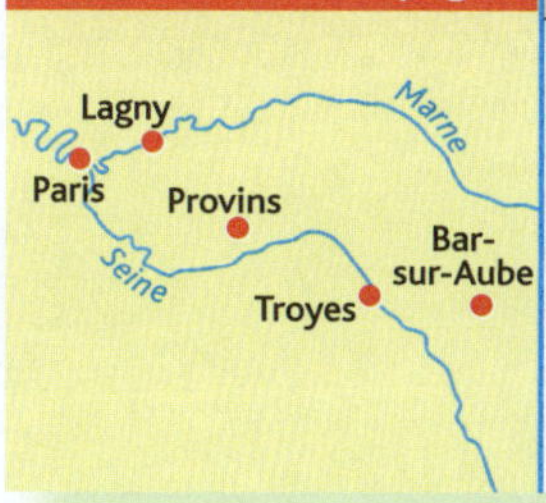

1. Villes et routes du commerce
- principales villes de commerce
- routes terrestres
- routes maritimes des marchands du Nord
- routes maritimes des marchands italiens

2. Les produits commercialisés
- Draps : par les marchands du Nord
- Soie : par les marchands italiens
- régions de production textile

Document 2 La ville de Feurs au Moyen Âge (Loire)

Je situe

Armoiries et vue de Feurs tiré de l'*Armorial d'Auvergne*, Forez et Bourbonnais de Guillaume Revel, 1456, BNF, Paris.

1 Enceinte fortifiée 2 Talus 3 Fossé 4 Tour 5 Pont levis et entrée de la ville 6 Péage des tonlieux (taxes sur les marchandises) 7 Beffroi (haute tour de la commune) 8 Église 9 Faubourg (*à écrire deux fois*) 10 Monastère 11 Campagne 12 Rivière 13 Batelier

Je m'évalue

Socle 1, 2	Analyser un document	→ 1 5 7 8	○	○	○	○
Socle 1, 2	Se repérer dans l'espace	→ 2 3 4	○	○	○	○
Socle 1, 2	Pratiquer différents langages	→ 2 6	○	○	○	○

L'émergence d'une nouvelle société urbaine

Comment s'organise la société dans les villes du Moyen Âge ?

Document 1 Les chartes de franchise : vers l'autonomie des villes

La croissance démographique et l'essor du commerce sont à l'origine du développement des villes et de leurs faubourgs.
Vers la fin du XIe siècle, les élites urbaines de villes contestent l'autorité seigneuriale et réclament des privilèges. Des seigneurs, y voyant un intérêt financier, leur accordent alors des chartes de franchise. Les villes acquièrent ainsi un statut de commune.
Avec ces chartes, les grands bourgeois, formant un conseil de magistrats élus (échevins ou consuls), dirigent ces villes. Ces villes sont exemptées de certaines taxes et obligations. Elles possèdent leurs armoiries, leur sceau, leur administration. Elles lèvent des impôts, rendent la justice, montent une milice communale.
Privilège le plus important, la cloche, du haut du beffroi (tour), rythme la vie quotidienne des citadins, les horaires de travail, sonne l'alerte aux incendies ou l'appel aux armes en cas de danger.

1 D'après le texte (doc. 1), qu'est-ce qui explique le développement des villes ?

....

....

2 À partir de la fin du XIe siècle, qu'obtiennent certaines villes et qui le leur accorde ?

....

....

3 Dans le texte, entoure en rouge ceux qui gouvernent les villes et leurs titres de magistrats.

4 Souligne ce qui montre l'autonomie de ces villes.

5 Entoure en vert le privilège le plus important des villes et le lieu de son installation.

Document 2 Une société urbaine hiérarchisée

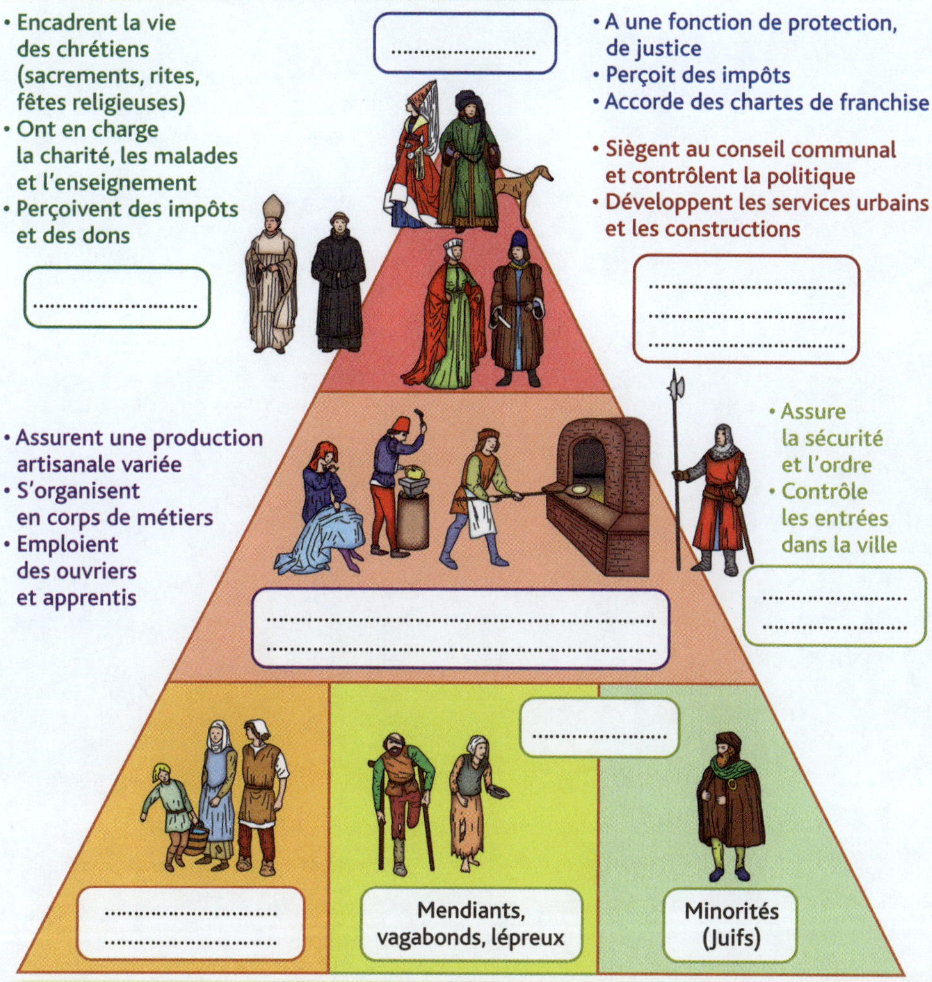

6 Sur le document 2, écris dans les cases correspondantes les catégories de populations urbaines suivantes :
Milice communale • Seigneur • Maîtres artisans et petits commerçants (petits bourgeois) • Évêque et clercs • Puissants marchands et banquiers (grands bourgeois) • Petit peuple et apprentis • Exclus

7 Quelles sont les catégories qui dominent la cité ?

....

....

....

8 Quelles sont les populations les plus pauvres ?

....

....

....

Je m'évalue

Socle 1, 2	Analyser un document	→ 1 2 3 4 5 7 8	○ ○ ○ ○
Socle 1, 2	Pratiquer différents langages	→ 6	○ ○ ○ ○

Sociabilité et tensions urbaines au Moyen Âge

Fiche 11

? *Quels sont les facteurs de sociabilité et de révoltes urbaines ?*

Je définis
La **sociabilité** est ici l'ensemble des relations sociales entre les différentes catégories de la population urbaine.

Document 1 Des moments de sociabilité urbaine au Moyen Âge

....

Enluminure représentant une scène de foire, tirée du *Chevalier errant* par Thomas D'Aleran, vers 1403, BNF, Paris.

....

Fête de la Chandeleur, enluminure tirée de la *Légende dorée* par Jacques de Voragine, vers 1480, BNF, Paris.

....

Noces de Fauvel avec Vaine Gloire, enluminure tirée du *Roman de Fauvel* par Gervais du Bus, vers 1320, BNF, Paris.

1 Sur le document 1, écris au-dessus de chaque image un titre à partir de la liste suivante : Une fête populaire • Un jour de foire • Une procession religieuse

2 Pourquoi ces moments unissent-ils les différentes catégories de la population des villes ?

....

....

3 Sur le document 2, entoure la fonction de Gaudry dans la ville de Laon.

4 Souligne les actes de Gaudry qui exaspèrent les bourgeois de cette ville.

5 Que font tout d'abord les commerçants en colère et que crient-ils ?

....

....

....

6 Comment la colère des bourgeois devient-elle une révolte violente ?

....

....

....

7 Quel est le sort de l'évêque Gaudry ?

....

Document 2 Une révolte urbaine au XIIe siècle

Je situe

En 1106, Gaudry devient le nouvel évêque de Laon, ville prospère avec son grand marché régional (vin, céréales, fibres textiles) et qui a obtenu l'octroi d'une commune (charte de franchise). Gaudry prépare complots et assassinats, abuse d'une fiscalité injuste pour s'enrichir, ruinant l'économie locale. Exaspérés, les bourgeois déclenchent une révolte (25 avril 1112).

« La violation des traités qui avaient constitué ladite commune de Laon, remplit les cœurs des bourgeois de stupeur et de rage ; tous les hommes en charge cessèrent de s'occuper de leurs fonctions ; les savetiers et les cordonniers fermèrent leurs boutiques ; les aubergistes et les cabaretiers n'étalèrent aucune marchandise. [...] Alors que l'évêque discutait sur les sommes à exiger des bourgeois, un grand tumulte éclate dans la ville, et une foule de gens crient "commune, commune !" De nombreuses bandes de bourgeois, armés d'épées, de haches à deux tranchants, d'arcs, de cognées, et portant des massues et des lances, inondent la basilique de la bienheureuse Vierge Marie, et [...] se précipitent dans le palais épiscopal. [...]
Gaudry [...] s'enfuit dans le cellier de l'église pour se cacher dans un petit tonneau. Les bourgeois courant çà et là cherchaient où il pouvait être et l'appelaient à grands cris, non pas évêque, mais coquin ; [...] alors se précipitant dans le cellier, ils se mirent à faire des trous de tous les côtés, et de cette manière ils parvinrent à trouver et tuer l'évêque. »

D'après Guibert de Nogent, *Vie de Guibert de Nogent, dans Collection des mémoires relatifs à l'Histoire de France* par F. Guizot, 1825.

Je m'évalue

Socle 1, 2	Analyser un document	→ 2 3 4 5 6 7	○	○	○	○
Socle 1, 2	Pratiquer différents langages	→ 1	○	○	○	○
Socle 1	Maîtriser le vocabulaire	→ *Je définis*	○	○	○	○

L'affirmation de l'État monarchique au Moyen Âge (1)

❓ *Comment le pouvoir royal a-t-il évolué en France du xᵉ au xvᵉ siècle ?*

Document 1 La lente affirmation de l'État monarchique en France

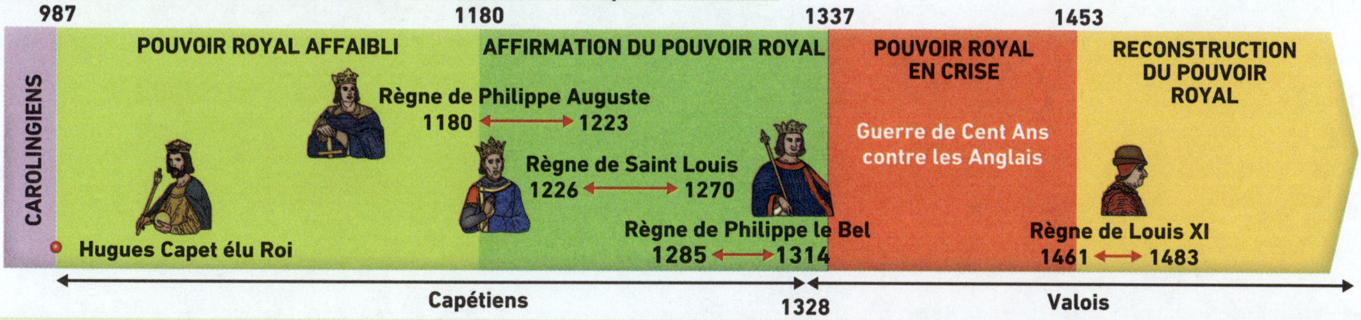

Document 2 L'évolution territoriale du royaume de France

Je définis

Un **domaine royal** est un territoire appartenant directement au roi et sur lequel il a le pouvoir d'ordonner, de commander et de percevoir des revenus.

1 D'après la frise (doc. 1), qui a fondé la dynastie des rois capétiens et en quelle année ?

....

2 D'après les documents 1 et 2A, montre la faiblesse du pouvoir royal au début des Capétiens.

....

....

....

3 D'après les documents 1 et 2B, quel roi est à l'origine du renforcement de l'autorité et du pouvoir royal ? De quelle manière ?

....

....

4 Sur la frise (doc. 1) :
- entoure la date et le nom de la dynastie qui succède aux Capétiens ;
- souligne le nom de la guerre qui plonge le pouvoir royal et le royaume dans une grave crise.

5 D'après les documents 1 et 2C, sous quel règne le pouvoir royal s'est-il reconstruit et affirmé après cette longue guerre ?

....

....

6 Quelles évolutions territoriales le domaine royal et le royaume tout entier ont-ils connues au long de cette période ?

....

....

....

Je m'évalue

Socle 1, 2	Pratiquer différents langages	→ 4	○	○	○	○
Socle 1, 2	Se repérer dans le temps et dans l'espace	→ 1 2 3 4 5 6	○	○	○	○
Socle 1	Maîtriser le vocabulaire	→ *Je définis*	○	○	○	○

L'affirmation de l'État monarchique au Moyen Âge (2)

? *Comment les rois administrent-ils leur royaume ?*

1 D'après le document 1, quelle cérémonie se déroule ici et dans quelle ville ?

....

2 À partir de la légende, écris sur l'image le numéro des personnages et la lettre des attributs royaux dans la case correspondante.

3 Pourquoi cette cérémonie du sacre renforce-t-elle le pouvoir du roi ?

....

....

....

....

4 Sur le document 2, écris les instruments de pouvoir mis en place progressivement par les rois de France pour administrer et contrôler leur royaume :
Une autorité morale et religieuse par le sacre • Le roi, premier suzerain du royaume • Une administration pour gouverner le pays • Une monnaie qui s'impose dans le royaume • Une armée professionnelle et permanente • Des impôts permanents

Document 1 Le sacre de Louis VIII le Lion en 1223

Enluminure de Jean Fouquet tirée des *Grandes Chroniques de France*, vers 1460, BNF, Paris.

Le 6 août 1223, dans la cathédrale de Reims, Louis VIII le Lion ❶, vêtu de son manteau de sacre, et son épouse Blanche de Castille ❷, sont couronnés par l'archevêque Guillaume de Joinville ❸ qui pose la couronne Ⓐ sur la tête du roi. On distingue Jean de Brienne, roi de Jérusalem ❹, tenant la couronne de la reine, le comte de Flandre ❺, tenant l'épée du roi Ⓑ et l'évêque de Beauvais ❻, la tunique royale dans les mains Ⓒ. Un autre prélat porte deux autres insignes royaux : le sceptre Ⓓ et la main de justice Ⓔ. Ces personnages sont entourés de grands seigneurs laïcs et ecclésiastiques. Le roi devient un personnage sacré au pouvoir de droit divin.

Document 2 La construction du pouvoir et de l'État royal sous les Capétiens et les Valois

Je m'évalue

Socle 1, 2	Analyser un document	→ 1 3	○ ○ ○ ○
Socle 1, 2	Pratiquer différents langages	→ 2 4	○ ○ ○ ○

L'Europe au temps de Charles Quint et Soliman le Magnifique

? *Quels sont les enjeux dans l'espace méditerranéen au XVIe siècle ?*

Document 1 La Méditerranée au milieu du XVIe siècle

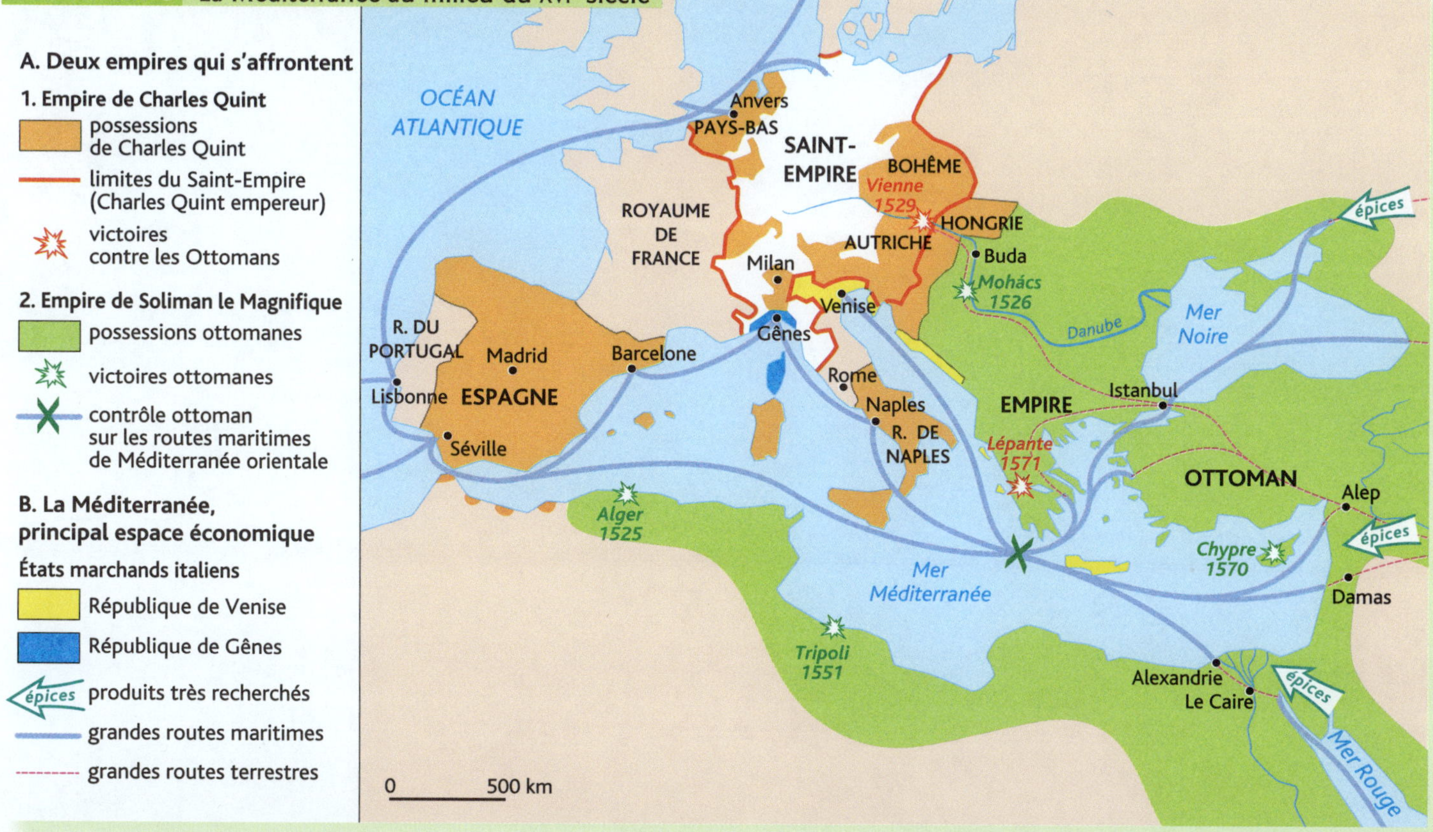

Document 2 De la Méditerranée à l'Atlantique

En 1519, Magellan, navigateur portugais passé au service de l'Espagne, entreprend de faire le tour du monde afin de contourner les Ottomans qui contrôlent la Méditerranée orientale et le marché des épices.

« Fernand de Magellan quitta le Portugal et partit pour le royaume de Castille où régnait Charles Quint auquel il fit part de ses idées sur la conquête des Moluques[1] et sur leur situation exacte : ce qui étant bien compris par l'empereur et son Conseil, l'empereur ordonna que lui fussent donnés cinq navires dûment armés et équipés, grâce auxquels Fernand de Magellan pût découvrir l'itinéraire le plus commode pour atteindre les Moluques. »

Fernando de Oliveira, *Manuscrit de Leyde* (récit du voyage de Magellan), vers 1560.

1. Îles de l'Indonésie riches en épices.

1 D'après la carte (doc. 1), quels sont les deux empires rivaux qui s'affrontent autour de la Méditerranée ? Souligne en légende ce qui le montre.

....

....

2 La Méditerranée est aussi un espace de rivalité économique : quelles routes et quels produits sont sous le contrôle de l'Empire ottoman ?

....

....

3 Dans le document 2, entoure le nom du navigateur et souligne le nom du souverain qui lui confie une flotte.

4 Quelles sont sa mission et sa destination ? Dans quel but ?

....

....

5 D'après les documents 1 et 2, à partir de quel océan les Espagnols et les Portugais ouvrent-ils de nouvelles routes commerciales ?

....

Je m'évalue

Socle 1, 2	Analyser un document	→ 1 2 3 4 5	○ ○ ○ ○
Socle 1, 2	Se repérer dans l'espace	→ 1 2 4 5	○ ○ ○ ○

L'ouverture de l'Europe sur le monde

? *Quelles sont les Grandes Découvertes et leurs conséquences ?*

1 Sur le document 1, retrace les trois types de voyages d'exploration selon la légende.

2 Quel est le continent découvert en 1492 ? Par qui ?

....

3 Quel continent Vasco de Gama a-t-il contourné ? Pour se rendre où ?

....

4 D'après le document 2, quels sont les deux pays qui se constituent les premiers empires coloniaux ?

....

5 Cite les principaux produits qui vont alimenter la richesse de l'Europe.

....

6 Comment ces deux pays s'accordent-ils en 1494 et 1529 pour définir une ligne de partage entre leurs possessions ?

....

....

Document 1 Les voyages des Grandes Découvertes (fin XVe-début XVIe siècle)

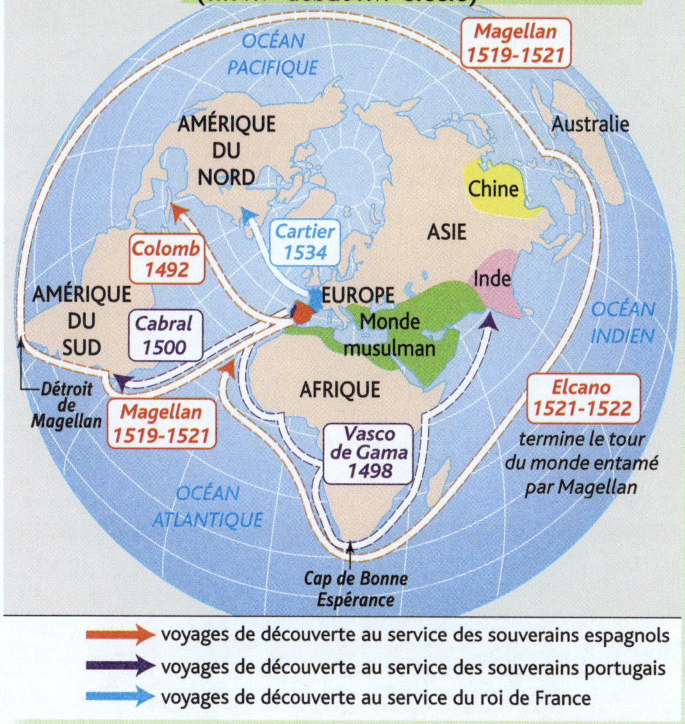

7 Entoure en légende le nom des deux civilisations victimes de ces conquêtes coloniales.

Document 2 Conquête coloniale et ouverture au monde au XVIe siècle

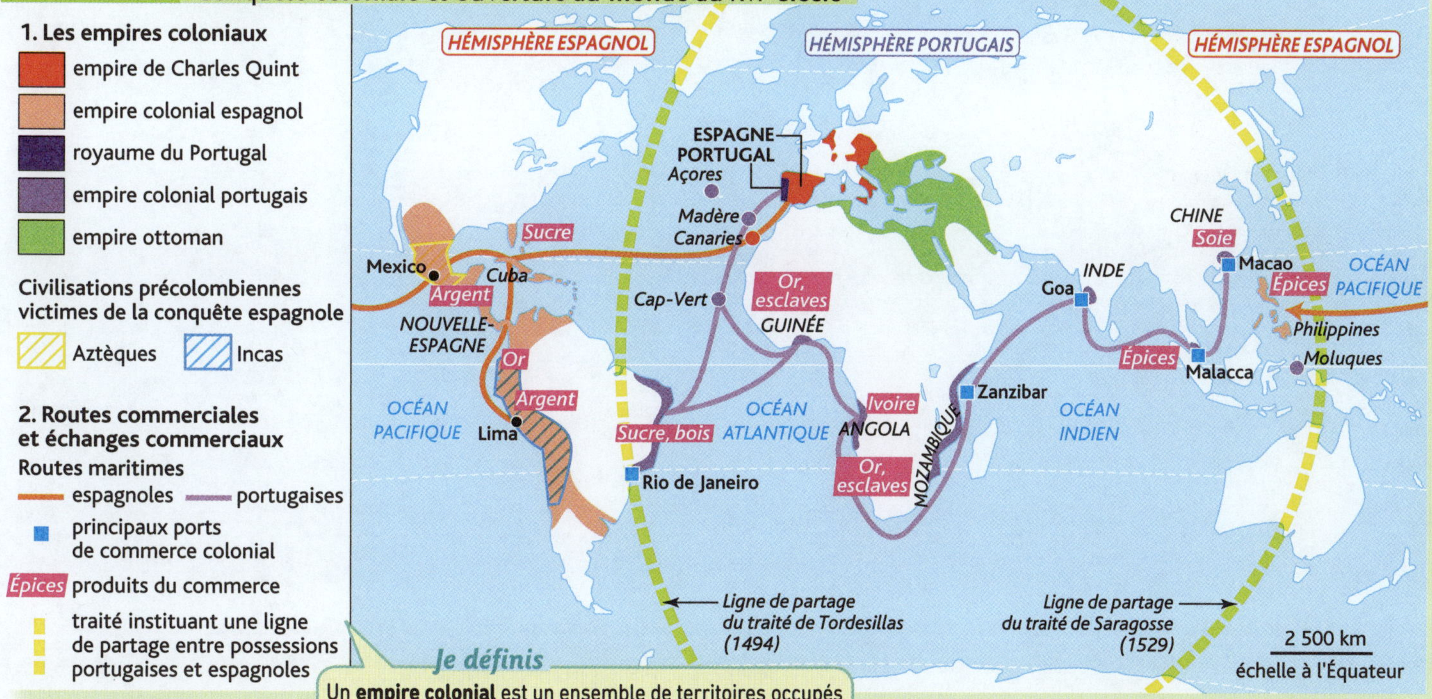

Je définis

Un **empire colonial** est un ensemble de territoires occupés et gouvernés par une puissance étrangère éloignée.

Je m'évalue

Socle 1, 2	Analyser un document	→ 2 4 5 6	○ ○ ○ ○
Socle 1, 2	Se repérer dans l'espace et le temps	→ 1 2 3 4	○ ○ ○ ○
Socle 1, 2	Pratiquer différents langages	→ 1 7	○ ○ ○ ○
Socle 1	Maîtriser le vocabulaire	→ *Je définis*	○ ○ ○ ○

Humanisme et Renaissance à la fin du XVe et au XVIe siècle (1)

? *Quels sont les changements intellectuels et scientifiques au XVIe siècle ?*

Je définis

Un **humaniste** est un penseur qui étudie les œuvres de l'Antiquité et place l'être humain au centre de son œuvre.
La **Renaissance** est un mouvement artistique des XVe et XVIe siècles qui s'inspire de l'Antiquité et accorde plus de place à l'être humain.

Document 1 Quelques humanistes et leurs pensées

....
....

• • « [...] Les retours périodiques, l'alternance du jour et de la nuit et le retour périodique des saisons dans l'année, sont les résultats de la rotation de la Terre autour de son axe et de son mouvement périodique autour du Soleil. » (D'après Nicolas Copernic, *De la Révolution des globes célestes*, 1543.)

....
....

• • « La beauté ne provient pas d'autre chose que d'une proportion convenable que possède habituellement le corps de l'homme. » (Léonard de Vinci.)

....
....

• • « Nous avons revu le Nouveau Testament d'après l'original grec, qui seul fait foi [...], avons ajouté des notes pour expliquer les passages équivoques, ambigus ou obscurs [...]. » (D'après Érasme, Lettre à Léon X, préface à l'édition du Nouveau Testament.)

....
....

• • « Il serait très prudent de ne permettre à personne de s'arroger le droit de faire donner aux Écritures les conclusions sur la nature qui pourraient s'opposer à l'expérience et aux démonstrations. » (D'après Galilée, Lettre à Christine de Lorraine, 1615.)

....
....

• • « Toute leur vie était employée non par la loi [...], mais selon leur vouloir. Ainsi l'avait établi Gargantua. » (François Rabelais, *Gargantua*, 1534.)

Document 2 L'humanisme et la Renaissance en Europe (XVe-XVIe siècles)

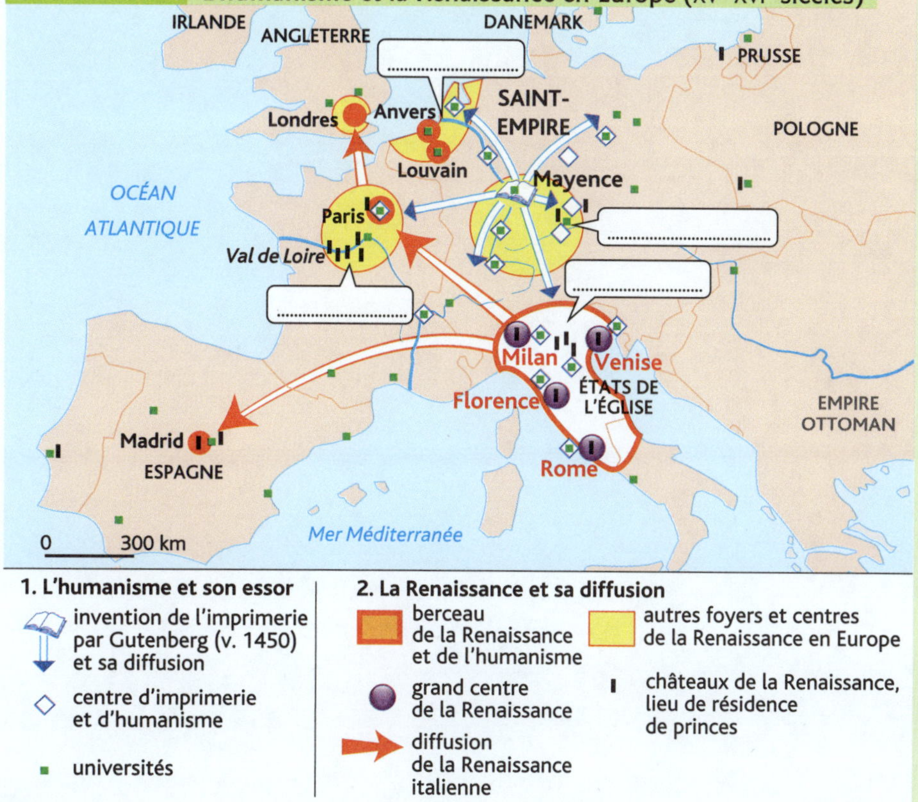

1 Sur le document 1, écris le nom de chaque humaniste : Copernic • Rabelais • Érasme • Léonard de Vinci • Galilée, puis relie-le au texte qui convient.

2 Cite des domaines intellectuels ou artistiques auxquels les humanistes s'intéressent.

....

....

3 Sur la carte, colorie la région berceau de la Renaissance et de l'humanisme.

4 Indique le nom de cette région.

5 Quelle invention a permis la diffusion de l'humanisme ? En légende et sur la carte, colorie les flèches montrant la diffusion de cette invention.

....

6 Indique sur la carte les noms des autres foyers et centres de la Renaissance en Europe.

7 Des princes-mécènes ont encouragé et soutenu les artistes et les savants. Entoure en légende les constructions qui en témoignent.

Je m'évalue

Socle 1, 2	Analyser un document	→ 2	○	○	○	○
Socle 1, 2	Se repérer dans l'espace	→ 3 4 5 6	○	○	○	○
Socle 1, 2	Pratiquer différents langages	→ 1 3 4 5 6 7	○	○	○	○
Socle 1	Maîtriser le vocabulaire	→ *Je définis*	○	○	○	○

Humanisme et Renaissance à la fin du XVe et au XVIe siècle (2)

❓ *Quels sont les bouleversements culturels et artistiques en Europe à la fin du XVe et au XVIe siècle ?*

Document 1 *L'École d'Athènes* du peintre Raphaël (début XVIe siècle)

Fresque, 4,40 × 7,70 m, Chambre de la signature, palais du Vatican.

Raphaël ❶ (qui s'est représenté lui-même) célèbre ici les grandes figures de la pensée et de la philosophie grecque. Au centre, les philosophes Platon ❷ et Aristote ❸ discutent. Sur leur droite, Socrate ❹ et son groupe. En bas à gauche, le mathématicien Pythagore ❺ et son groupe. En bas à droite, Euclide ❻ et Ptolémée ❼ représentent la géométrie et l'astronomie. Le décor est grandiose : Ⓐ Arc Ⓑ Haut dôme Ⓒ Plafonds à caissons *(à écrire deux fois)* Ⓓ Pilastres Ⓔ Statue d'Apollon et bas-reliefs Ⓕ Statue de Minerve

Composition géométrique et perspective

Document 2 Jules II, pape et mécène

Giuliano Della Rovere est élu pape sous le nom de Jules II en 1471. Il utilise les richesses du Saint-Siège pour soutenir des humanistes et des artistes. Il commande des œuvres à Raphaël pour le palais du Vatican ou à Michel-Ange pour la décoration de la chapelle Sixtine et la réalisation de son propre tombeau.

En 1506, sous la conduite de l'architecte Bramante, il entreprend la reconstruction de la basilique Saint-Pierre de Rome, un chantier de plus de vingt ans.

Mais ces chantiers et le mécénat coutant très cher, Jules II multiplie les ventes d'indulgences (pardon accordé par l'Église effaçant les péchés) pour les financer. Ces mesures, poursuivies par son successeur Léon X, vont scandaliser les fidèles, comme en Allemagne, et contribuer à la Réforme luthérienne.

1 À l'aide des deux documents, présente le document 1 (nature et titre, artiste, date, commanditaire, lieu).

....

....

....

....

2 À l'aide de la légende, écris les lettres des éléments du décor dans les cases vertes, puis les numéros des personnages représentés dans les cases rouges.

3 Quelle discipline Raphaël utilise-t-il pour construire son œuvre ? Comment parvient-il à lui donner de la profondeur (perspective) ?

....

....

....

....

4 Dans le document 2, souligne :

- en bleu, le passage montrant que le pape Jules II est un mécène ;
- en rouge, le grand chantier de reconstruction qu'il entreprend.

5 Entoure le moyen qu'il utilise pour financer sa politique de mécénat.

6 Présente les caractéristiques d'une œuvre artistique de la Renaissance à l'aide des mots suivants : Inspiration antique • Composition géométrique et perspective • L'être humain au centre • Importance de la pensée et de la science

....

....

....

....

....

....

Je m'évalue

Socle 1, 2	Analyser un document	→ 1 3 4 5	○	○	○	○
Socle 1, 2	Pratiquer différents langages	→ 2	○	○	○	○
Socle 1, 2	Raisonner	→ 6	○	○	○	○

Réforme et conflits religieux en Europe

? *Pourquoi et comment la chrétienté se divise-t-elle ?*

Document 1 Luther et la Réforme protestante

À partir de 1515, les papes Jules II, puis Léon X, vendent des indulgences pour achever la basilique Saint-Pierre de Rome. Scandalisé, le moine allemand Luther affiche ses 95 thèses sur le portail de l'église du Château de Wittenberg, le 31 octobre 1517.

« [...] On porte par tout le pays l'indulgence papale pour la construction de la cathédrale de Saint-Pierre de Rome. [...] Cela me fait mal et me rend malade. [Les gens] croient que les âmes seront tirées du purgatoire dès qu'ils auront mis l'argent dans les coffres. Ils croient que l'indulgence est assez puissante pour sauver le plus grand pêcheur [...]. »

Extrait de la Lettre de Luther à l'archevêque de Mayence, 31 octobre 1517.

Document 2 Les divisions religieuses en Europe à la fin du XVIe siècle

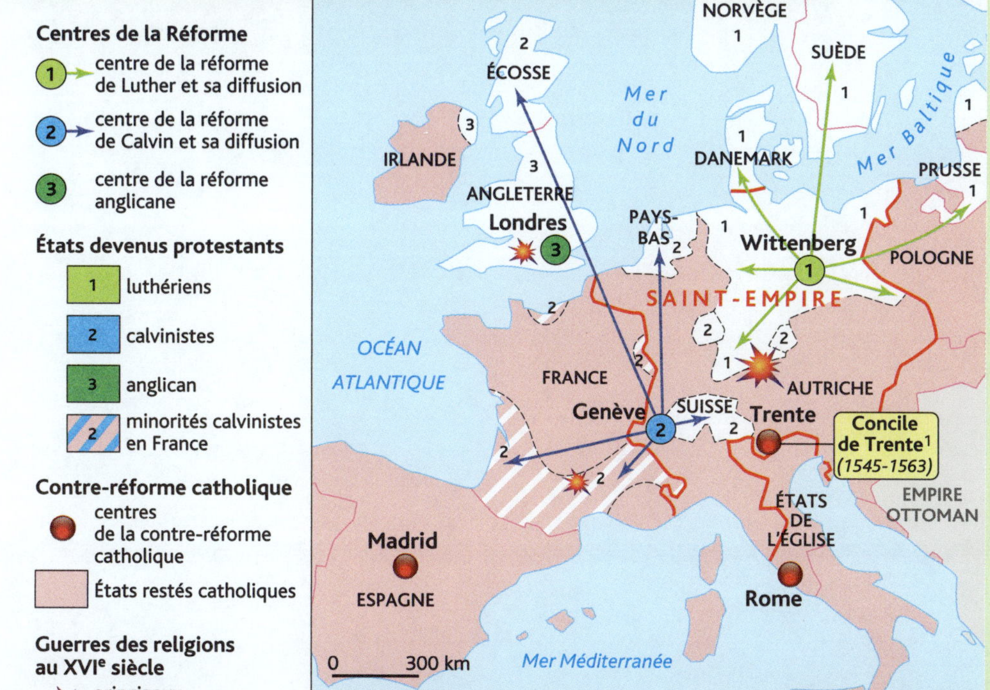

1. Assemblée d'évêques et de cardinaux réunis par le pape pour discuter de questions religieuses et prendre des mesures pour contrer la réforme protestante : c'est la contre-réforme catholique.

Document 3 Deux religions chrétiennes

....

- Le pape, chef de l'Église
- Culte à la Vierge et aux saints
- Seul le clergé détient la vérité
- Les œuvres assurent aussi le salut
- Sept sacrements
- Les prêtres sont célibataires
- Cérémonie en latin dans une église

....

- Refuse l'autorité du pape
- Refus du culte à la Vierge et aux saints
- Seule la Bible est source de vérité
- C'est la foi qui assure le salut
- Deux sacrements seulement : baptême et communion
- Les pasteurs peuvent se marier
- Cérémonie en langue vulgaire dans un temple

1 D'après le document 1, qui est Luther et durant quel siècle a-t-il vécu ?

....

2 Souligne la pratique et ceux que Luther critique. Par quel moyen ?

....

3 Par son action, quelle nouvelle religion chrétienne va-t-il fonder ?

....

4 D'après la carte (doc. 2), quelles réformes protestantes se sont diffusées à partir de Wittenberg, Genève et Londres ?

....

5 Sur la carte et selon la légende, colorie les États devenus protestants.

6 Entoure en légende la conséquence militaire de ces divisions religieuses.

7 Où et quand le pape réunit-il les évêques et cardinaux pour répondre à la réforme protestante ?

....

....

8 À l'aide des deux propositions suivantes, titre les rubriques du document 3 : Protestantisme • Catholicisme. Souligne en rouge les différences concernant le clergé ; en bleu celles concernant la cérémonie religieuse et le lieu de culte.

9 Quelle autorité les protestants ne reconnaissent-ils pas ?

....

....

Je m'évalue

Socle 1, 2	Analyser un document	→ 1 2 3 4 9	○	○	○	○
Socle 1, 2	Se repérer dans l'espace et le temps	→ 1 4 7	○	○	○	○
Socle 1, 2	Pratiquer différents langages	→ 5 6 8	○	○	○	○

L'affirmation du pouvoir royal du XVIe au XVIIe siècle

Fiche 19

? *Comment les souverains ont-ils renforcé le pouvoir royal ?*

Document Trois souverains qui ont renforcé et affirmé le pouvoir du roi en France

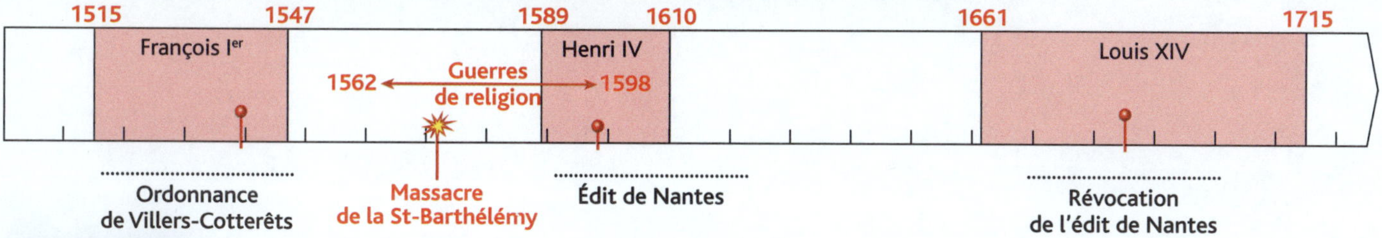

❶ François Ier, le ....

François Ier s'est distingué par ses campagnes militaires en Italie contre l'empereur Charles Quint. Il a introduit l'art de la Renaissance en France, faisant venir à sa cour des artistes comme Léonard de Vinci. Il expose ici sa conception des pouvoirs du roi en France.

« Aucun pays n'est aussi uni, aussi facile à diriger que la France. Voilà la force du royaume : unité et obéissance au roi. [...] Il lui suffit de dire : "Je veux telle ou telle somme ; j'ordonne ; je consens" pour que ses ordres soient exécutés aussitôt. [...] »

D'après les Relations des ambassadeurs vénitiens sur la France au XVIe siècle, Paris.

❷ Henri IV, le ....

Henri IV s'est imposé et a mis fin aux guerres de religion rétablissant la paix, la prospérité et l'autorité de l'État royal. Il impose l'édit de Nantes au Parlement de Paris en 1599.

« Je vous prie d'enregistrer l'édit que j'ai accordé à ceux de la religion réformée. Je l'ai fait pour le bien de la paix. Vous devez m'obéir car si l'obéissance était due à mes prédécesseurs, elle m'est due autant et plus parce que j'ai rétabli l'État. Dieu m'ayant choisi pour me mettre à la tête du royaume, [...] je suis roi maintenant et parle en roi, et veux être obéi. »

D'après Pierre de L'Estoile, *Journal*, XVIe siècle.

❸ Louis XIV, le ....

Fils de Louis XIII et petit-fils d'Henri IV, Louis XIV décide en 1661 de gouverner sans Premier ministre, inaugurant ainsi un long règne personnel jusqu'à sa mort en 1715. Il expose ici sa conception du pouvoir absolu.

« Toute puissance, toute autorité résident dans la main du roi. [...] La volonté de Dieu est que quiconque est né sujet obéisse sans discussion. Et quelque mauvais que puisse être un prince, la révolte de ses sujets est toujours criminelle. »

Louis XIV, *Mémoires rédigés pour l'éducation du Dauphin*, 1668.

1 Pour chaque texte, complète son titre à l'aide des mots suivants : monarque absolu • monarque de la Renaissance • monarque pacificateur

2 Souligne dans les textes ce qui a marqué le règne de chacun.

3 Les trois rois expriment leur volonté d'être obéi. Entoure dans chaque texte le passage qui le montre.

4 D'après les textes 2 et 3, de qui les rois tiennent-ils leur pouvoir de commander ?

....

5 📖 Recherche les dates des trois grandes décisions royales et écris-les sur la frise.

6 À l'aide de tes réponses et des documents, montre comment ces trois souverains ont contribué à l'affirmation du pouvoir royal.

....

....

....

....

....

Je m'évalue

Socle 1, 2	Analyser un document	→ 2 3 4	○	○	○	○
Socle 1, 2	Pratiquer différents langages	→ 1 5	○	○	○	○
Socle 1, 2	Raisonner	→ 6	○	○	○	○

Louis XIV, monarque absolu

? *Comment Louis XIV affirme-t-il son pouvoir absolu ?*

1 Souligne sur le document 1 la cérémonie donnant au roi le droit de gouverner.

2 Qu'est-ce qui montre que Louis XIV a tous les pouvoirs ?

....

....

3 Quel est le nom de la résidence du roi et le siège de son gouvernement ?

....

4 Sur qui s'appuie-t-il pour être informé sur l'état des provinces et les administrer ?

....

5 Entoure qui l'aide à gouverner et qui le conseille.

6 D'après la carte, quelle est l'évolution territoriale du royaume depuis François Ier ?

....

....

7 Quelle dynastie les rois de France ont-ils combattue ?

....

8 Colorie selon la légende les territoires acquis sous Louis XIV. Par quel moyen la sécurité des frontières est-elle assurée ?

....

9 Entoure en légende comment et quand le royaume d'Espagne devient un allié de la France.

10 Pourquoi peut-on dire que Louis XIV est un monarque absolu ?

....

....

Document 1 Le gouvernement de Louis XIV, roi absolu

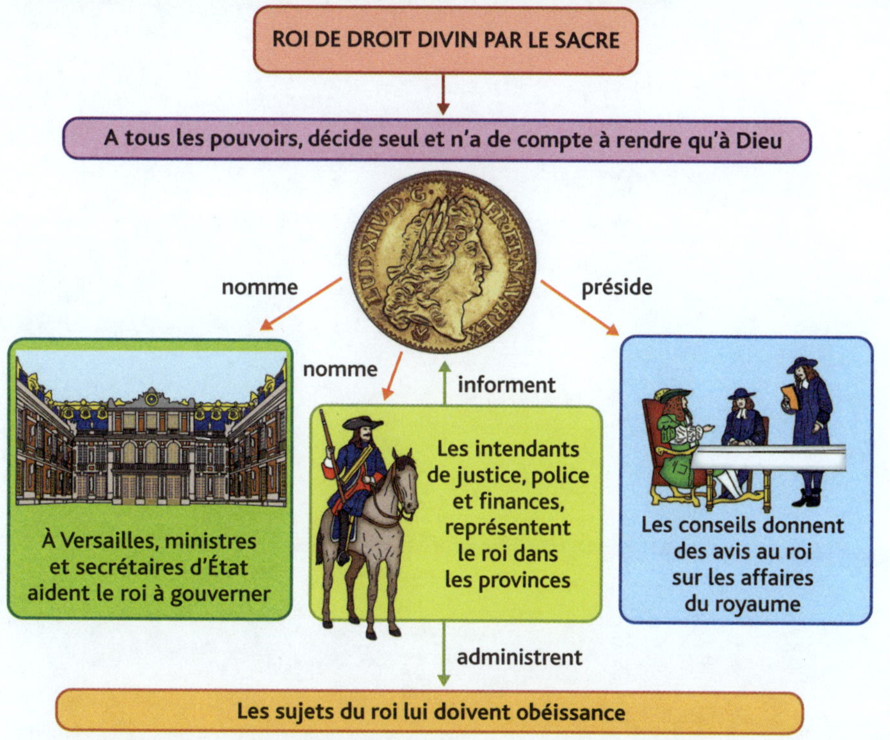

Document 2 L'évolution du royaume de France de François Ier à Louis XIV

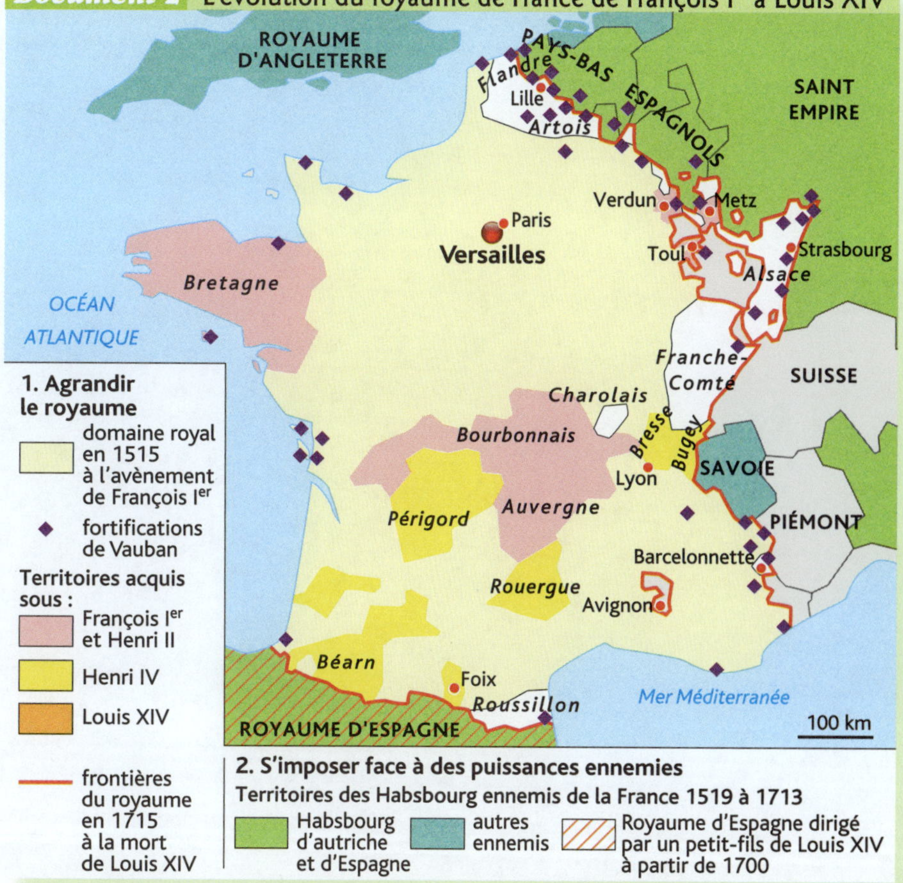

Je m'évalue

Socle 1, 2	Analyser un document	→ 2 3 4 6 7 8	○	○	○	○
Socle 1, 2	Pratiquer différents langages	→ 1 5 8 9	○	○	○	○
Socle 1, 2	Raisonner	→ 10	○	○	○	○

Se repérer dans le temps

Connaître les grands repères chronologiques du programme

Fiche Repères

Sur la frise, indique la date de chaque événement.

- Début de l'Empire byzantin ……………
- Hégire, début de l'ère musulmane ……………

- Charlemagne sacré empereur ……………

- Hugues Capet sacré roi de France ……………
- Rupture entre l'Église catholique et l'Église orthodoxe ……………
- Bataille de Bouvines ……………
- Prise de Constantinople par les croisés ……………
- Guerre de Cent ans ……………
- Prise de Constantinople par les Turcs ……………
- Découverte de l'Amérique ……………

- Luther publie ses 95 thèses ……………
- Édit de Nantes ……………

- Règne personnel de Louis XIV ……………

Je m'évalue

Socle 1, 2	Se repérer dans le temps
Socle 1, 2	Pratiquer différents langages

La croissance démographique en Chine

Fiche 21

? *Quels sont les effets de la croissance démographique en Chine ?*

Je définis

La **croissance démographique** est l'augmentation de la population.

Document 1 Croissance démographique et développement en Chine

	1960	2016	Évolution 1960-2016
Nombre d'habitants	667 millions	1 400 millions	+ ....
Espérance de vie à la naissance	43 ans	76 ans	+ ....
PIB par habitant et par an	89 $	7 590 $	× ....

Source : Banque mondiale, 2016.

Je situe

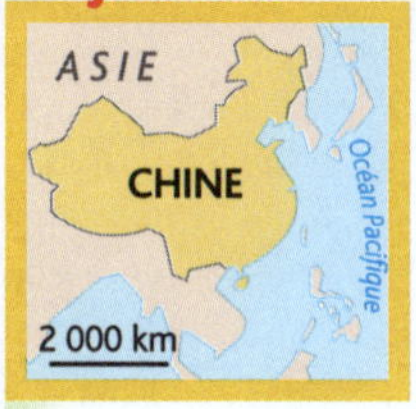

1 Complète la dernière colonne du tableau 1 en calculant de combien :
- a augmenté le nombre d'habitants ;
- a augmenté l'espérance de vie ;
- a été multiplié le PIB par habitant.

2 Entoure les deux indicateurs montrant que, malgré la forte augmentation de la population, les conditions de vie des Chinois se sont améliorées.

Je définis

L'**espérance de vie à la naissance** est la durée de vie moyenne d'une personne dans un pays.
Le **PIB par habitant** est le revenu annuel moyen par habitant.

Document 2 Les défis de la croissance démographique chinoise

« Il s'agit d'abord de limiter les émissions de gaz à effet de serre, les pollutions de l'air, des eaux et des sols [...], de faire face à la pression considérable que le développement et le poids démographique du pays exerce sur les ressources, en particulier sur l'eau. [...]
La Chine n'est pas encore un pays riche en dépit des progrès [...] au cours des trois dernières décennies. [...] 400 millions de Chinois vivent avec moins de 2 dollars par jour [...], faisant de la société chinoise l'une des plus inégalitaires de la planète. Ces inégalités suscitent d'importantes tensions sociales. »

Sébastien Colin, « La Chine puissance mondiale », *La Documentation photographique* n° 8 108, La Documentation française, nov.-déc. 2015.

3 Dans le document 2, souligne les problèmes environnementaux liés à la croissance démographique en Chine.

4 Entoure la phrase montrant que la pauvreté et les inégalités sociales restent importantes dans le pays.

5 Entoure la nature et la source du document 3.

6 D'après la légende du document, quelle politique a été mise en place entre 1979 et 2015 par la Chine pour limiter l'augmentation de sa population ?

....

....

....

Document 3 Les conséquences de la politique de l'enfant unique

...

...

...

Caricature de Luo Jie, publiée dans le journal *China Daily* en 2013.

Entre 1979 et 2015, la Chine a mis en place la politique de l'enfant unique, accordant des avantages aux foyers avec un seul enfant. Cela a eu pour conséquence de limiter l'augmentation de la population. Entre 1979 et 2016, le taux d'accroissement naturel est ainsi passé de 1,2 % à 0,5 %.

7 Souligne la phrase indiquant l'évolution de l'accroissement naturel en Chine depuis 1979.

8 Cette politique a eu trois conséquences. Sur le document 3, écris dans la case qui convient le numéro qui correspond à chacune d'elles :
❶ Un vieillissement de la population
❷ Une priorité donnée aux garçons comme enfant unique
❸ Un nombre d'actifs insuffisant pour payer les retraites

Je définis

Le **taux d'accroissement naturel** est la différence entre le taux de natalité et le taux de mortalité.

Je m'évalue

Socle 1, 2	Analyser un document	→ 3 4 5 6 7	○	○	○	○
Socle 1, 2	Se repérer dans l'espace	→ *Je situe*	○	○	○	○
Socle 1, 2	Pratiquer différents langages	→ 1 2 8	○	○	○	○
Socle 1	Maîtriser le vocabulaire	→ *Je définis*	○	○	○	○

Croissance démographique et développement au Nigeria

Fiche 22

? *Quels sont les effets de la croissance démographique au Nigeria ?*

Document 1 La croissance démographique au Nigeria

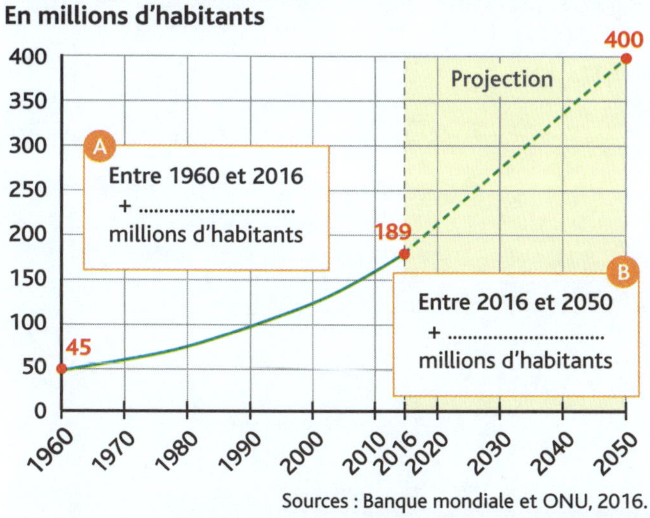

Sources : Banque mondiale et ONU, 2016.

Le Nigeria connaît un fort taux de fécondité avec près de 6 enfants par femme. Il en résulte une population jeune : 44 % des Nigérians ont moins de 15 ans.

Je définis

Le **taux de fécondité** est le nombre d'enfants par femme âgées de 15 à 49 ans.

Je situe

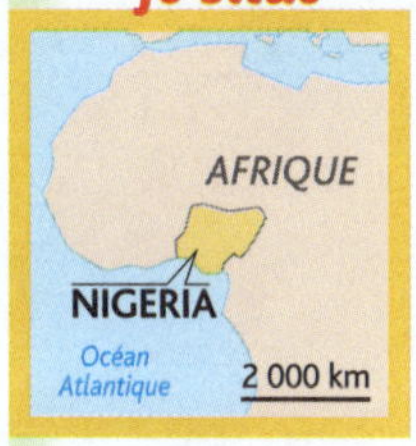

1 Quelle est la nature du document 1 et quel est son thème ?

....

....

....

2 Entoure le nombre d'habitants au Nigeria en 2016, puis calcule et écris dans le cadre A le nombre d'habitants que le pays a gagné entre 1960 et 2016.

3 Calcule et écris dans le cadre B le nombre d'habitants que le pays devrait gagner entre 2016 et 2050.

4 Dans la légende, souligne en vert la cause de cette augmentation de population et, en rouge, la conséquence.

Document 2 Les défis démographiques du Nigeria

« Le Nigeria est aujourd'hui dans les dix pays les plus peuplés au monde [...]. En 2050, il passera à la troisième place, avec presque 400 millions d'habitants [et] dépasserait [...] les États-Unis (388 millions) ou le Brésil (238 millions), plus peuplés que lui aujourd'hui.

Cette progression démographique impressionnante va compliquer la tâche de son gouvernement [...] pour satisfaire les besoins alimentaires [...] et arriver à fournir à ses jeunes générations une éducation, un système de santé ainsi que des [...] emplois. »

D'après Olivier Bories, *Le Point*, 12 août 2015.

5 Dans le document 2, souligne la phrase affirmant que le Nigeria sera l'une des plus grandes puissances démographiques en 2050.

6 Complète le document 3 à l'aide du texte 2.

7 Comment le Nigeria est-il aidé pour surmonter ses difficultés ?

....

....

....

Document 3 Satisfaire les besoins de la population nigériane

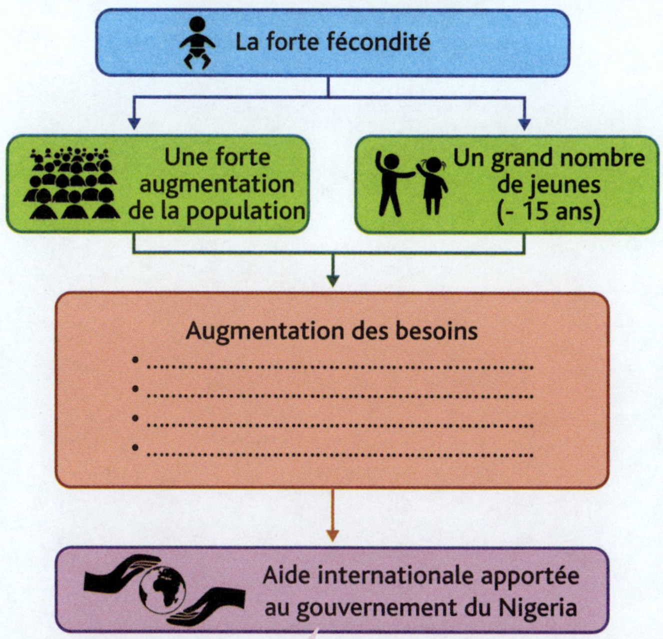

Je définis

L'**aide internationale** est une aide apportée par une organisation internationale, une organisation non gouvernementale ou un État, à un pays rencontrant des difficultés.

Je m'évalue

Socle 1, 2	Analyser un document	→ 1 4 5 7	○	○	○	○
Socle 1, 2	Se repérer dans l'espace	→ *Je situe*	○	○	○	○
Socle 1, 2	Pratiquer différents langages	→ 2 3 6	○	○	○	○
Socle 1	Maîtriser le vocabulaire	→ *Je définis*	○	○	○	○

La croissance démographique dans le monde

Fiche 23

❓ *Quelles sont les différences démographiques entre les pays ?*

Document 1 La fécondité en Europe et aux États-Unis

a. « [En Europe], l'indice de fécondité a chuté ces dernières années. L'Europe semble menacée par un grave problème démographique, préviennent des experts qui plaident pour un recours à l'immigration comme une solution [...]. Ce taux en Europe s'élève en effet à 1,6 enfant par femme quand il en faudrait au moins 2 pour [...] éviter une baisse de la population. »

D'après Aude Lorriaux, « Un désastre démographique guette l'Europe », www.slate.fr, 24 août 2015 (données actualisées de l'Ined).

b. « Les États-Unis ont [...] un indice de fécondité assez faible (1,97 enfant par femme). Pourtant la croissance démographique y est plus élevée qu'en Europe et devrait se poursuivre dans l'avenir. Cette croissance démographique s'explique principalement par l'immigration qui compense la faible natalité. »

D'après www.diplomatie.gouv.fr, 2016.

Je définis

L'**immigration** désigne l'installation dans un pays d'un individu ou d'un groupe d'individus originaires d'un autre pays.

1 Dans le document 1, entoure les chiffres de la fécondité en Europe et aux États-Unis.

2 Quelle conséquence la faible fécondité en Europe a-t-elle sur la croissance démographique ?

....

....

3 Pourquoi la croissance démographique est-elle plus élevée aux États-Unis qu'en Europe ?

....

....

Document 2 L'évolution de la population mondiale en 2016

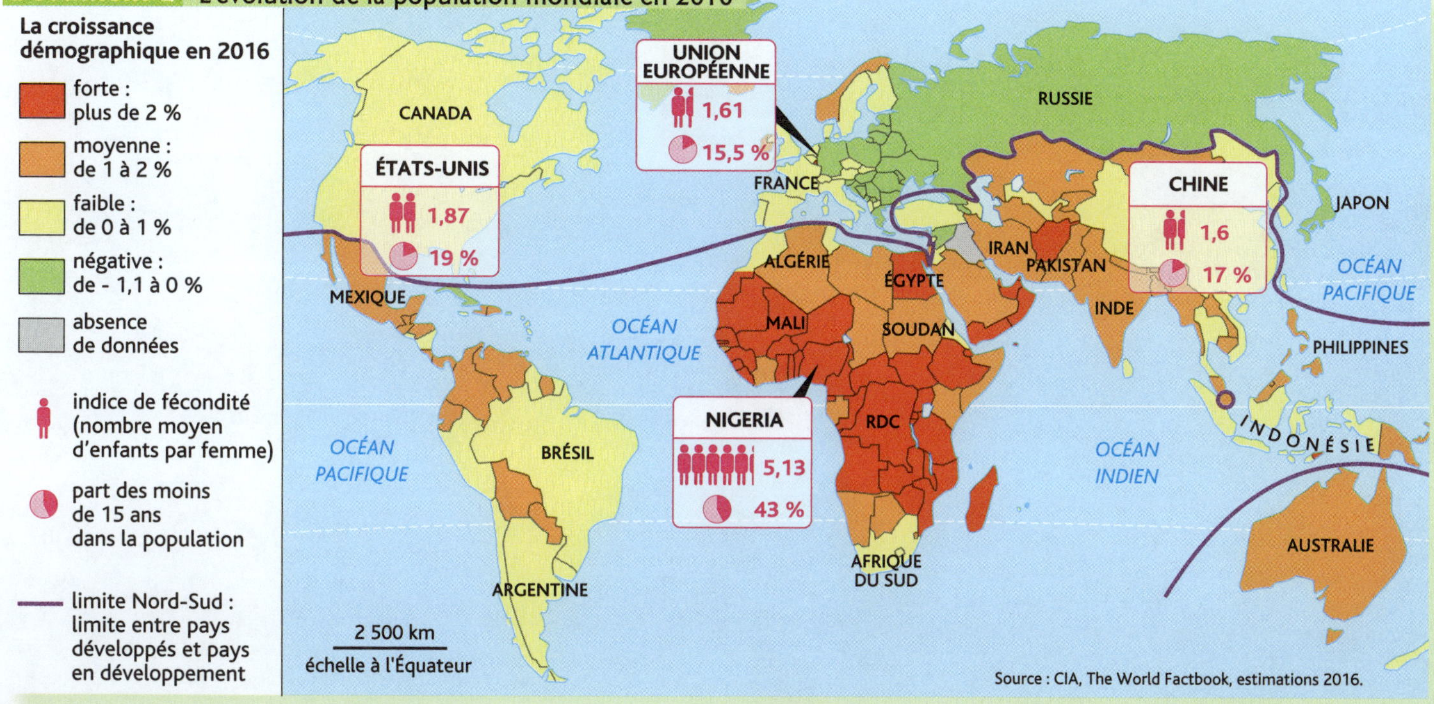

Source : CIA, The World Factbook, estimations 2016.

4 Parmi les 4 exemples étudiés, colorie :
- en vert, le nom de ceux dont la population est vieillissante et augmente peu ;
- en rouge, le nom de celui dont la population est jeune et augmente fortement.

5 Nomme un pays d'Asie et un pays d'Europe où la croissance démographique est négative.

....

6 Sur quel continent et dans quel type de pays la population augmente-t-elle le plus fortement ?

....

7 À l'aide des documents, montre que la croissance démographique dans le monde est inégale.

....

....

Je m'évalue

Socle 1, 2	Analyser un document	→ 1 2 3	○	○	○	○
Socle 1, 2	Se repérer dans l'espace	→ 5 6	○	○	○	○
Socle 1, 2	Pratiquer différents langages	→ 4	○	○	○	○
Socle 1, 2	Raisonner	→ 7	○	○	○	○
Socle 1	Maîtriser le vocabulaire	→ *Je définis*	○	○	○	○

Les inégalités de richesse dans le monde

❓ *Comment se répartit la richesse dans le monde ?*

Document 1 L'inégal partage de la richesse

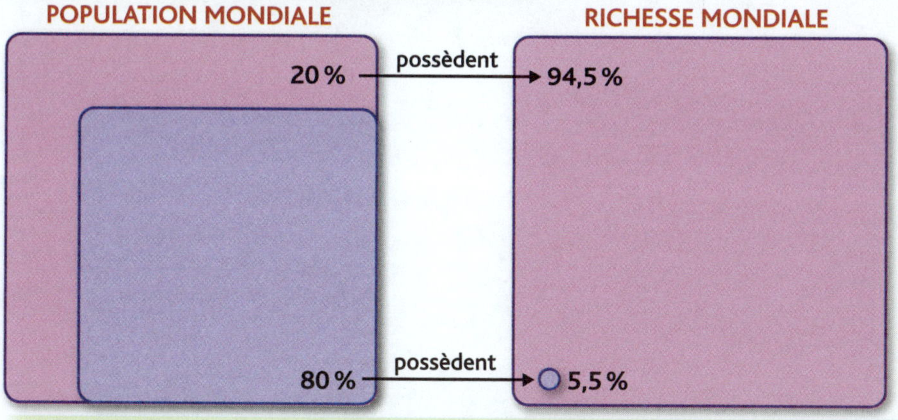

Sources : D'après Oxfam, Crédit Suisse, 2014.

1 D'après le document 1, quelle est la part de richesse détenue par 80 % de la population mondiale ?

....

2 Quel est le pourcentage de la richesse détenu par les 20 % restant ?

....

Document 2 L'inégale répartition de la richesse dans le monde

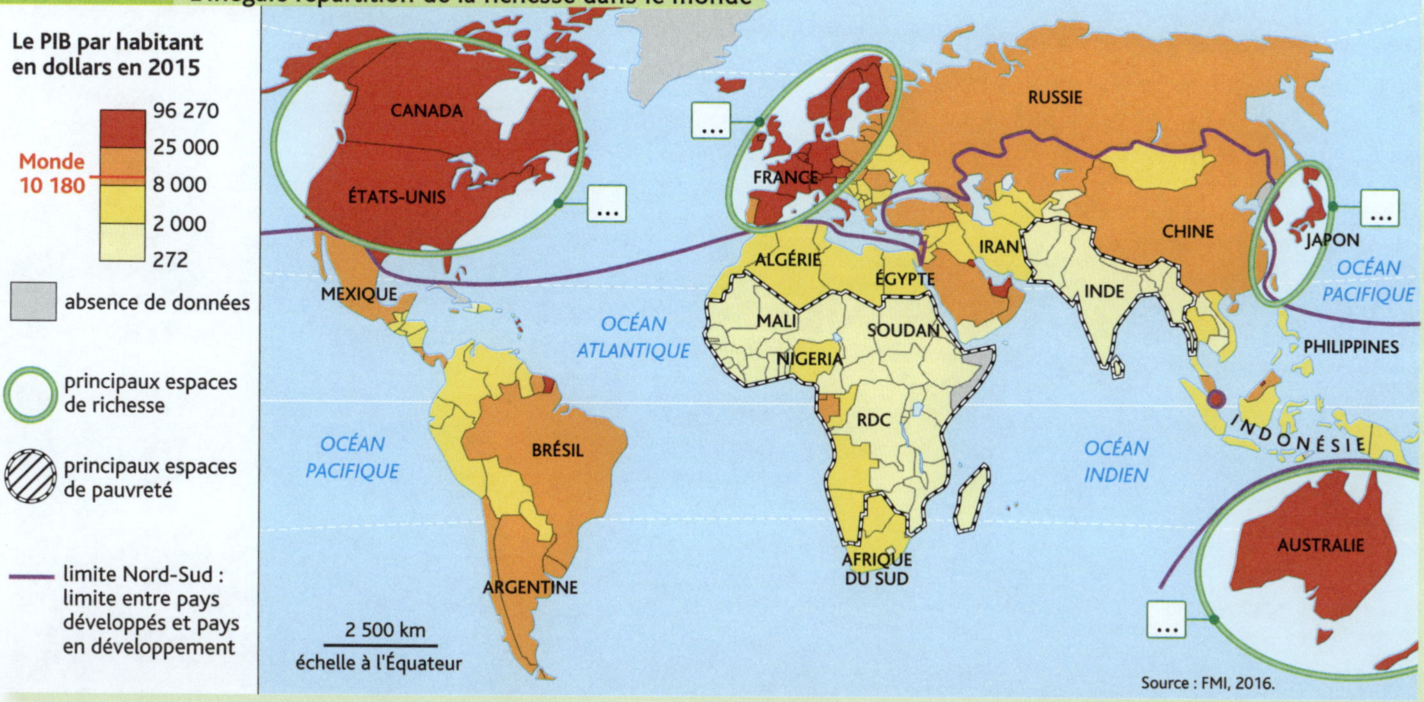

3 Dans la légende du planisphère, entoure l'indicateur utilisé pour mesurer la richesse des États.

4 Sur la carte, écris les numéros des principaux espaces de richesse : ❶ Amérique du Nord ❷ Asie orientale ❸ Europe de l'Ouest ❹ Océanie

5 Hachure les deux principaux espaces de pauvreté selon la légende.

6 Quel est le continent le plus pauvre ?

....

7 Quelle catégorie de pays regroupe :

- le Nord ? ....
- le Sud ? ....

8 À l'aide des documents, montre les inégalités de richesse à l'échelle du monde et à l'échelle d'un continent.

....

....

....

Je m'évalue

Socle 1, 2	Analyser un document	→ 1 2 6 7	○	○	○	○
Socle 1, 2	Se repérer dans l'espace	→ 4 6	○	○	○	○
Socle 1, 2	Pratiquer différents langages	→ 3 5	○	○	○	○
Socle 1, 2	Raisonner	→ 8	○	○	○	○

Les inégalités de richesse en Chine

? *Comment se manifestent les inégalités de richesse en Chine ?*

Document 1 Les inégalités de richesse en Chine

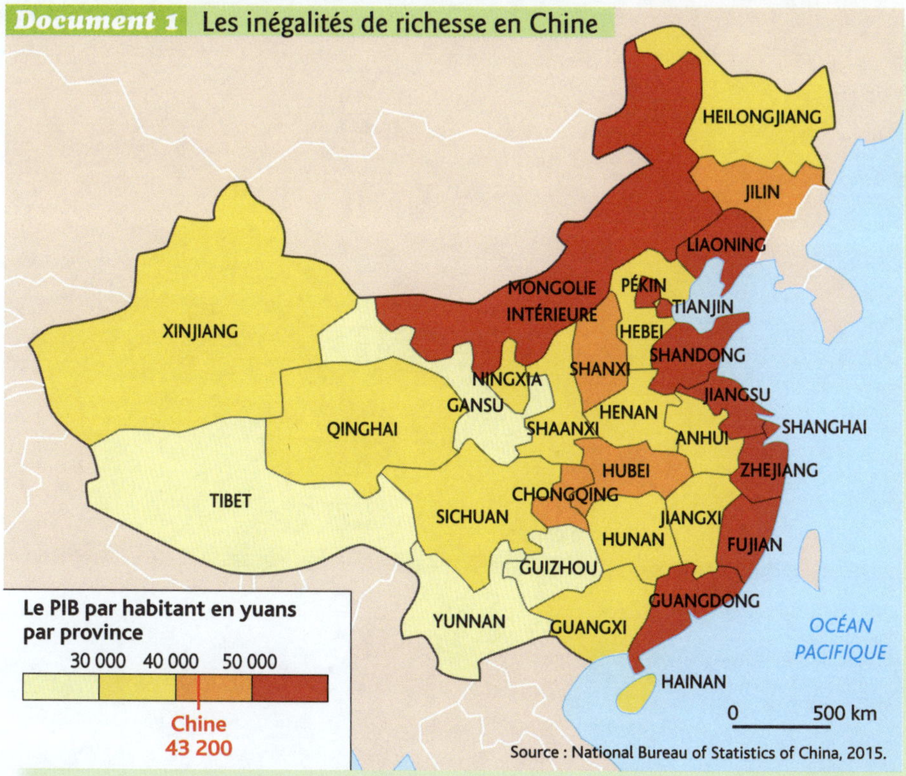

Source : National Bureau of Statistics of China, 2015.

1 Quelle est la nature du document 1 et quel est son thème ?

....

....

2 Dans la légende de la carte, entoure le PIB moyen par habitant en Chine.

3 Où se situent les provinces dont les habitants ont le revenu moyen le plus élevé ?

....

4 Nommez deux provinces dans lesquelles le revenu par habitant est le moins élevé.

....

....

5 D'après le document 2, à Pékin :

- Qui sont les plus riches et combien sont-ils ? ....

....

- Qui sont les plus pauvres et combien sont-ils ? ....

....

6 Souligne le passage qui montre les conditions de vie difficiles des mingongs.

7 Sur la photographie (doc. 3), écris le numéro des éléments suivants :
❶ Habitat précaire ❷ Habitat de standing

8 En quoi cette photographie illustre-t-elle les inégalités décrites dans le document 2 ?

....

....

....

....

Document 2 Les mingongs à Pékin

« En 2015, Pékin a éclipsé New York au classement des milliardaires avec 100 de ces grandes fortunes contre 95 dans la métropole américaine. [...] En revanche, les inégalités sociales n'ont que très peu reculé. À Pékin, nombreux sont ces ouvriers [...] payés une misère. Ces 7 millions de mingongs[1], oubliés de la croissance, sont souvent exploités et considérés comme des citoyens de seconde zone, [...] privés de protection sociale et sans logements décents. »

D'après Patrick Saint-Paul, *Le Peuple des rats*, Grasset, 2016.

1. Paysans chinois venant travailler dans les villes.

Document 3 Les inégalités de richesse à Hefei (province de Anhui)

Je m'évalue

Socle 1, 2	Analyser un document	→ 1 5 6 8	○ ○ ○ ○
Socle 1, 2	Se repérer dans l'espace	→ 3 4	○ ○ ○ ○
Socle 1, 2	Pratiquer différents langages	→ 2 7	○ ○ ○ ○

Les défis de l'eau en Égypte

? *Comment gérer la ressource en eau en Égypte ?*

Je définis
Une **ressource** est une richesse d'un territoire que l'homme peut exploiter.

1 Sur quel continent se situe l'Égypte ?

....

2 Sur la carte, entoure le nom des lieux qui montrent que l'Égypte est un pays aride.

3 Quelles sont les ressources en eau douce de l'Égypte ?

....

....

4 Pour quels besoins l'eau est-elle utilisée en Égypte ?

....

....

5 Dans la légende, entoure les aménagements permettant le stockage de l'eau et sa conduite vers les zones irriguées.

6 Quel aménagement moderne sur le littoral méditerranéen permet d'augmenter la ressource en eau douce ?

....

7 D'après le document 2, à quel risque l'Égypte est-elle confrontée ?

....

....

8 Entoure les trois raisons qui l'expliquent.

9 Quelles solutions l'Égypte met-elle en place pour faire face aux défis de l'eau ? Complète le tableau suivant à l'aide du document 2.

Aménagements pour augmenter la ressource en eau	Solutions pour diminuer la pollution de l'eau et améliorer sa qualité
•	• ....
....	....
•	• ....
....	....

Document 1 Les enjeux de l'eau en Égypte

Source : D'après D. Blanchon, *Atlas mondial de l'eau*, Éditions Autrement, 2013.

Ressources en eau douce	Besoins en eau	Aménagements
Nil	agriculture irriguée	barrage
nappe d'eau souterraine	consommation urbaine (industries, usages domestiques)	canal
région aride		usine de dessalement

Document 2 Les enjeux de l'eau en Égypte

« Les ressources en eau de l'Égypte sont insuffisantes pour répondre aux besoins croissants du pays qui risque une grave pénurie[1] d'eau [...] en raison d'une forte croissance démographique.
Ainsi, [...] la lutte contre le gaspillage constitue un défi de premier ordre, notamment [...] depuis la construction de barrages par l'Éthiopie sur le Nil en amont de l'Égypte. [Cela est d'ailleurs à l'origine de tensions entre les deux pays.]
Des aménagements [...] ont été réalisés [...] : doublement du réseau de distribution, [...] triplement des stations d'épuration[2]. La construction d'usines de dessalement est une priorité malgré leur coût élevé. En plus, [...] le renforcement de la législation environnementale pour réduire les rejets d'eaux usées dans le Nil et les canaux d'irrigation est une nécessité pour diminuer les risques sanitaire et économique. »

D'après le ministère de l'Économie et des Finances, « Les Enjeux de l'eau en Égypte », avril 2016, D.R.

1. Une situation dans laquelle la ressource, ici l'eau, vient à manquer.
2. Installation destinée à épurer les eaux usées et les eaux pluviales avant le rejet dans la nature.

Je m'évalue

Socle 1, 2	Analyser un document	→ 3 4 6 7 8	○	○	○	○
Socle 1, 2	Se repérer dans l'espace	→ 1	○	○	○	○
Socle 1, 2	Pratiquer différents langages	→ 2 5 9	○	○	○	○
Socle 1	Maîtriser le vocabulaire	→ *Je définis*	○	○	○	○

La ressource en eau dans le monde

? *Quels défis posent les besoins en eau de la population mondiale ?*

1 Quelle est la nature et le thème du document 1 ?

....

2 Que représente la courbe et quelle évolution montre-t-elle entre 1950 et 2014 ?

....

3 Que représentent les barres et quelle évolution montrent-elles entre 1950 et 2014 ?

....

4 Dans la légende du graphique, entoure le prélèvement le plus important.

5 Quel lien fais-tu entre l'évolution de la population mondiale et l'augmentation des prélèvements d'eau ?

....

Document 1 L'évolution des prélèvements d'eau douce dans le monde

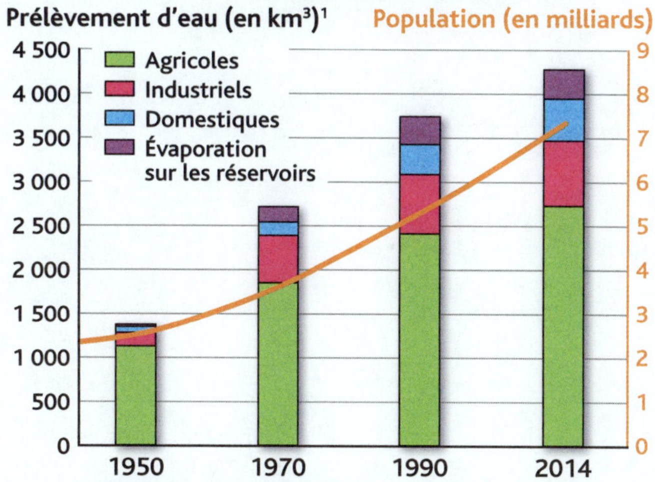

1. Un prélèvement d'eau désigne la quantité d'eau captée dans la nature par les hommes pour leurs besoins.

Sources : FAO Aquastat, Banque mondiale, 2016.

Document 2 L'eau : une ressource inégalement répartie et convoitée

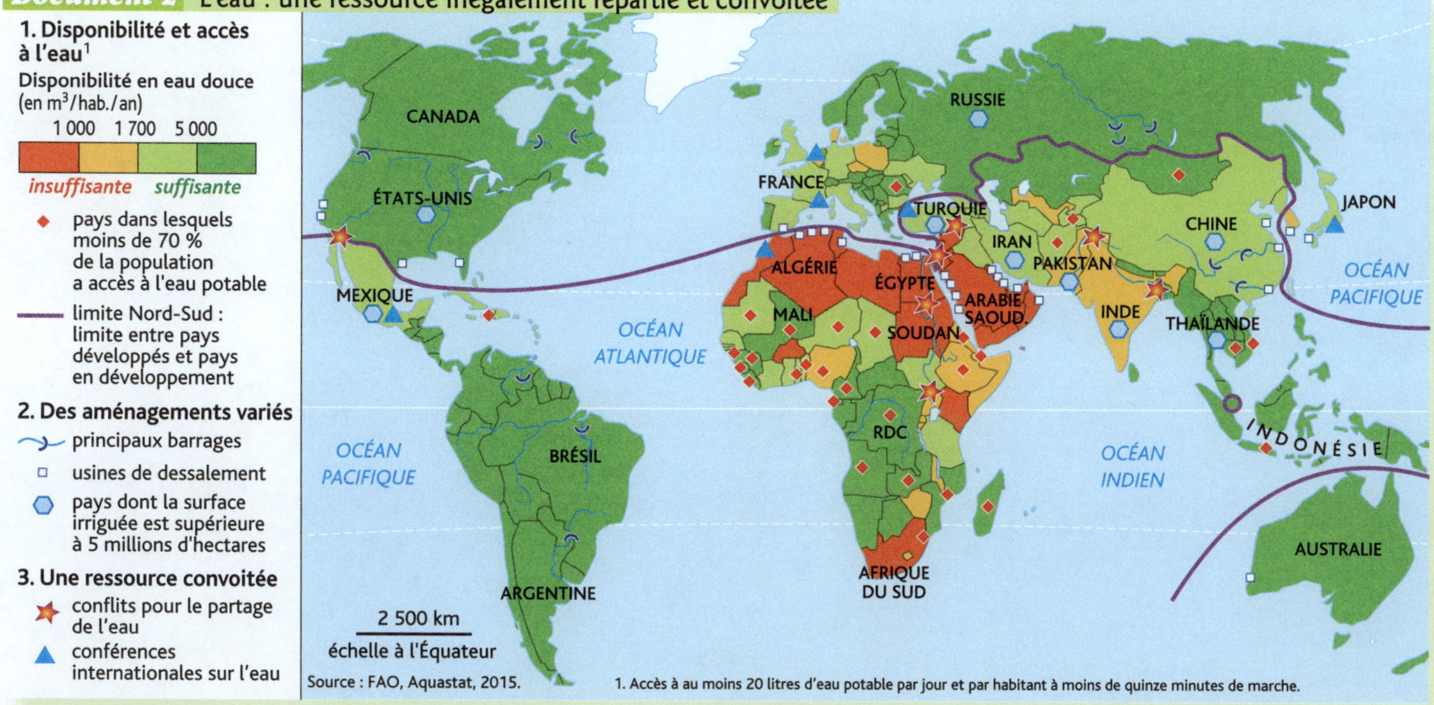

Source : FAO, Aquastat, 2015.

1. Accès à au moins 20 litres d'eau potable par jour et par habitant à moins de quinze minutes de marche.

6 Entoure dans la légende de la carte le nombre de mètres cubes (m³) par habitant et par an à partir duquel la disponibilité en eau douce est suffisante.

7 Sur quel continent la disponibilité en eau douce et l'accès à l'eau potable sont-ils les plus insuffisants ?

....

8 Dans quelle catégorie de pays les besoins en eau potable sont-ils les plus difficiles à satisfaire ?

....

9 Dans la légende, souligne les moyens techniques utilisés pour mieux satisfaire les besoins en eau, puis entoure les éléments montrant que l'eau est un enjeu international.

Je m'évalue

Socle 1, 2	Analyser un document	→ 1 2 3 5 8	○	○	○	○
Socle 1, 2	Se repérer dans l'espace	→ 7	○	○	○	○
Socle 1, 2	Pratiquer différents langages	→ 4 6 9	○	○	○	○

L'énergie en Chine

❓ *Quels sont les besoins et les enjeux énergétiques en Chine ?*

Document 1 Une centrale thermique à Tianjin

Je situe

Cette centrale est l'une des nombreuses centrales thermiques fonctionnant au charbon. Elle assure la production d'électricité nécessaire aux régions industrielles et urbaines. L'utilisation du charbon accentue la pollution.

1 Sur la photographie, écris dans chaque case le numéro correspondant aux éléments suivants :
❶ Centrale thermique ❷ Voies ferrées
❸ Stocks de charbon ❹ Usines ❺ Logements

2 Que produit la centrale thermique de Tianjin et pour qui ?

....

....

3 Quelle ressource naturelle la centrale utilise-t-elle ?

....

4 Quel est l'inconvénient de cette ressource naturelle ?

....

5 En légende du document 2, entoure :
- en rouge, le type d'énergie le plus consommé en 2014 ;
- en vert, le type d'énergie dont la part a augmenté entre 2004 et 2014.

6 Souligne dans la légende ce qui explique l'augmentation des besoins énergétiques du pays.

Document 2 L'évolution de la production d'énergie en Chine

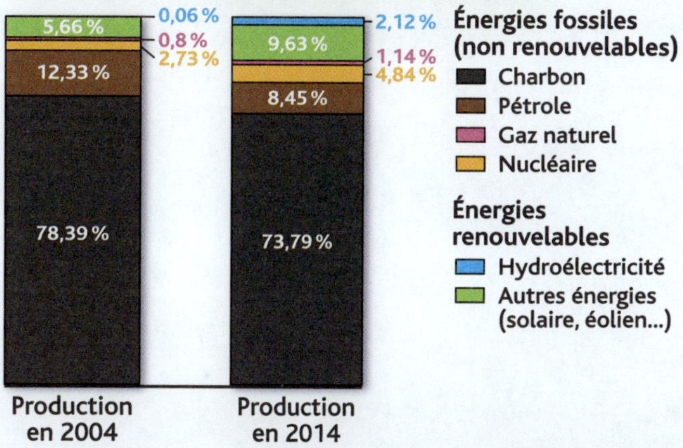

Source : *Statistical Review of World Energy*, BP 2014.

La croissance démographique et économique de la Chine explique l'augmentation de ses besoins énergétiques.

7 Pourquoi la Chine cherche-t-elle à développer les énergies renouvelables ?

....

....

....

....

Je m'évalue

Socle 1, 2	Analyser un document	→ 2 3 4 6	○	○	○	○
Socle 1, 2	Pratiquer différents langages	→ 1 5	○	○	○	○
Socle 1, 2	Raisonner	→ 7	○	○	○	○

L'énergie dans le monde

? *Quels sont les principaux producteurs et consommateurs d'énergie dans le monde ?*

1 **À l'aide des cartes 1 et 2, complète le croquis (doc. 3) :**
- colorie en orange les trois géants énergétiques, puis écris leur nom ;
- complète la légende et donne un titre au croquis.

Document 1 La consommation d'énergie dans le monde en 2015

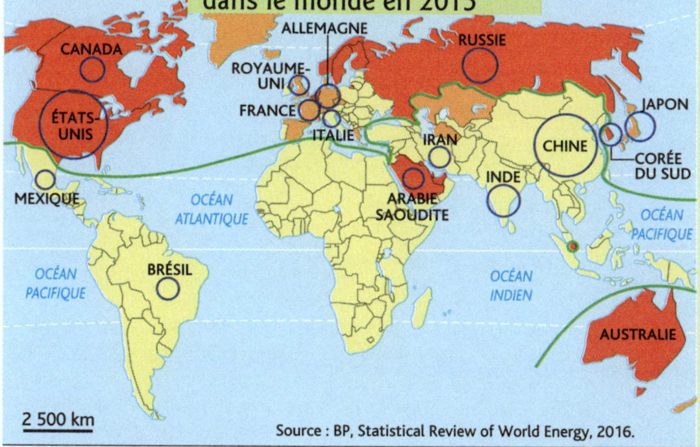

Source : BP, Statistical Review of World Energy, 2016.

Consommation d'énergie par habitant (en Mtep[1])
0 — 3 — 4,5

Consommation d'énergie par pays (en Mtep[1])
plus de 2 000
500
250
163

limite Nord-Sud : limite entre pays développés et pays en développement

1. millions de tonnes équivalent pétrole

Document 2 Production et échange d'énergies fossiles dans le monde

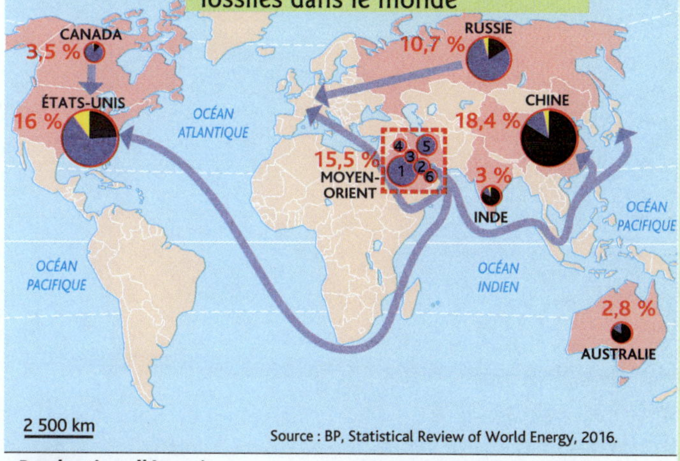

Source : BP, Statistical Review of World Energy, 2016.

Production d'énergie
- charbon
- hydrocarbures
- nucléaire
- 16 % part de la production mondiale (en %)
- principale région de production d'hydrocarbures
  1. Arabie Saoudite 2. Qatar 3. Koweit 4. Irak 5. Iran 6. Émirats arabes unis
- principaux flux d'hydrocarbures

TITRE : ....

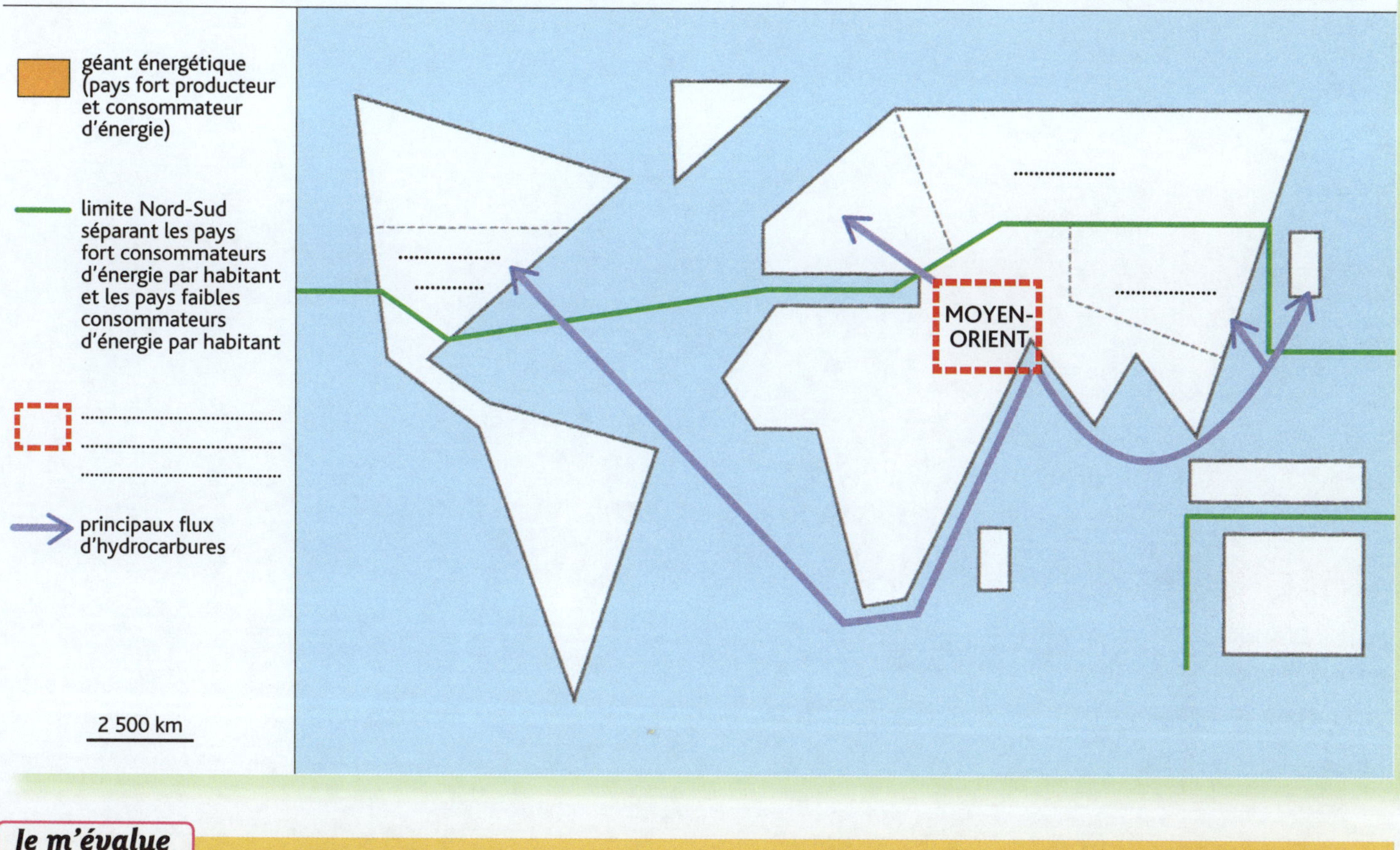

Je m'évalue

Socle 1, 2	Se repérer dans l'espace	○ ○ ○ ○
Socle 1, 2	Pratiquer différents langages	○ ○ ○ ○

Nourrir les hommes en Inde (1)

Comment nourrir une population indienne toujours plus nombreuse ?

Document 1 La modernisation de l'agriculture en Inde

Je situe

Pour augmenter la production agricole, les agriculteurs indiens utilisent des techniques modernes d'irrigation.

Document 2 L'État indien et la Révolution verte

« Pour satisfaire les besoins d'une population à forte croissance démographique et parvenir à l'autosuffisance alimentaire, l'État indien a procédé à une intensification de la production agricole grâce à une modernisation des techniques, baptisée "Révolution verte".
Le gouvernement indien adopta en 1968 une politique agricole reposant à la fois sur la diffusion de semences à haut rendement, le recours aux engrais chimiques et le développement de l'irrigation. [...] Les paysans bénéficiaient d'un prix de vente minimal garanti par l'État. »

D'après Lucie Dejouhanet, « L'Inde une puissance en construction », *Documentation photographique* n° 8 109, La Documentation française, janv.-fév. 2016.

1 Sur la carte, écris le nom du continent où se situe l'Inde.

2 Sur la photographie, écris le numéro des éléments suivants :
❶ Panneaux photovoltaïques ❷ Motopompe ❸ Rizière

3 Pour chaque phrase, coche la bonne réponse.
- D'après la photographie, ce paysage est : ☐ rural ☐ urbain
- L'activité économique pratiquée est : ☐ l'agriculture ☐ l'industrie ☐ le commerce

4 Colorie en rouge les cases désignant des éléments de modernisation.

5 Dans la légende, souligne le but de la modernisation.

6 Dans le document 2, entoure le nom de la politique agricole indienne.

7 Entoure l'évolution de la population indienne expliquant cette politique agricole.

8 À l'aide des expressions soulignées dans le texte, complète l'organigramme ci-contre. ►

RÉVOLUTION VERTE
Date : ....

Moyens utilisés

- ....
- ....
- ....
- ....

↓

OBJECTIF
....
....

Je m'évalue

Socle 1, 2	Analyser un document	→ 3 5 6 7	○	○	○	○
Socle 1, 2	Se repérer dans l'espace	→ 1	○	○	○	○
Socle 1, 2	Pratiquer différents langages	→ 1 2 4 8	○	○	○	○

Nourrir les hommes en Inde (2)

Quel bilan peut-on dresser de la Révolution verte en Inde ?

1 Coche la bonne réponse.

Le document 1 est :
- ☐ un tableau de statistiques
- ☐ un graphique
- ☐ une photographie

2 Comment a évolué la production de céréales en Inde grâce à la Révolution verte depuis 1991 ? Justifie ta réponse.

....

....

3 Comment a évolué le pourcentage de personnes sous-alimentées en Inde depuis 1991 ? Justifie ta réponse.

....

....

4 Quel lien existe-t-il entre ces deux évolutions ?

....

5 Sur la carte (doc. 2), entoure le nom d'un État du Nord et d'un État du Sud qui ont le plus profité de la Révolution verte.

6 Dans la légende, souligne en bleu les problèmes sociaux qui demeurent.

7 Souligne en vert les problèmes environnementaux liés à la Révolution verte.

8 Écris le nom des trois États où plus de la moitié des enfants de moins de 5 ans sont sous-alimentés.

....

9 Pourquoi les agriculteurs indiens sont-ils dépendants de l'entreprise Mahyco ?

....

10 Pourquoi peut-on dire que la Révolution verte a profité inégalement aux États de l'Inde ?

....

....

Document 1 Les réussites de la Révolution verte en Inde

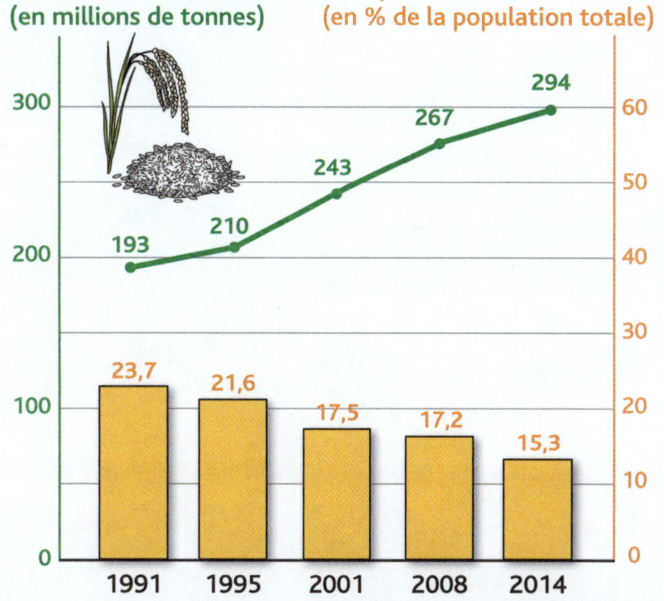

Sources : Banque mondiale et FAO, 2015.

Document 2 Les limites de la Révolution verte en Inde

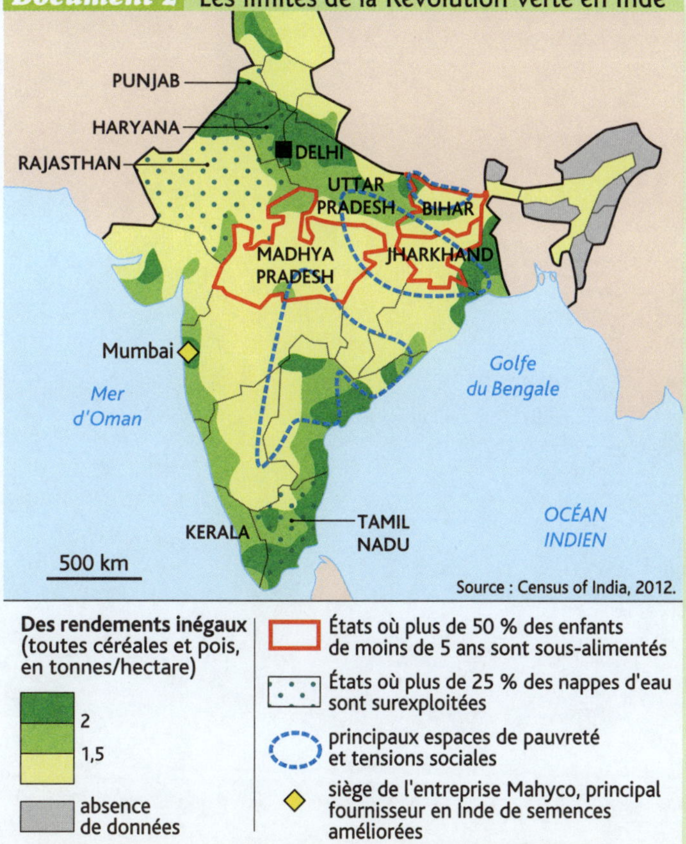

Source : Census of India, 2012.

Je m'évalue

Socle 1, 2	Analyser un document	→ 1 2 3 4 6 7 9	○ ○ ○ ○
Socle 1, 2	Se repérer dans l'espace	→ 5 8	○ ○ ○ ○
Socle 1, 2	Pratiquer différents langages	→ 5 6 7	○ ○ ○ ○
Socle 1, 2	Raisonner	→ 4 10	○ ○ ○ ○

Alimentation et croissance démographique dans le monde

Quels sont les problèmes alimentaires dans le monde ?

Document 1 La situation alimentaire dans le monde

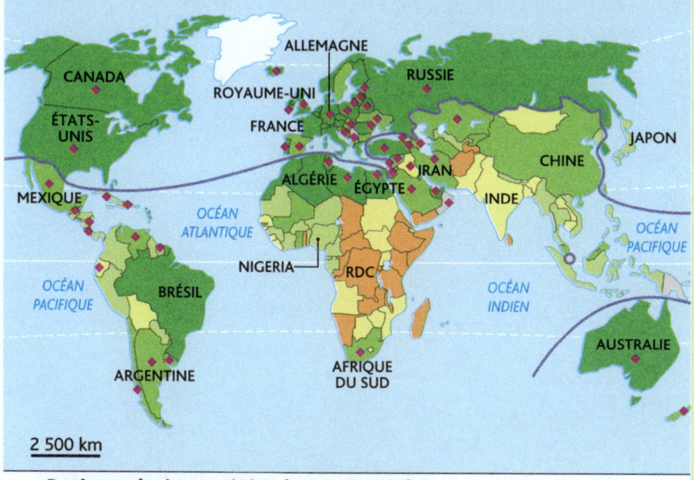

Ration calorique minimale pour satisfaire les besoins alimentaires quotidiens

1 700 – 2 200 – 2 500 – 2 800 – 3 200 – 3 800

insuffisante / *satisfaisante*

◆ pays où plus de 20 % de la population souffre d'obésité

limite Nord-Sud : limite entre pays développés et pays en développement

Document 2 L'inégale croissance démographique dans le monde

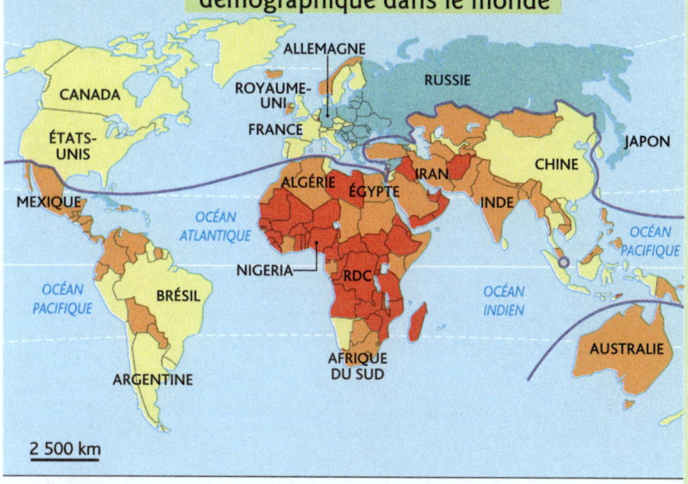

Évolution du nombre d'habitants en 2015

- forte : plus de 2 %
- faible : de 0 à 1 %
- moyenne : de 1 à 2 %
- négative : de – 1,1 à 0 %

limite Nord-Sud : limite entre pays développés et pays en développement

1 À l'aide des cartes 1 et 2, complète la carte ci-dessous :
- Colorie en rouge les pays où la disponibilité alimentaire est insuffisante et où la croissance démographique est moyenne à forte.
- Écris le nom des deux continents les plus concernés par la sous-alimentation.
- Complète la légende et donne un titre à la carte.

TITRE : ....

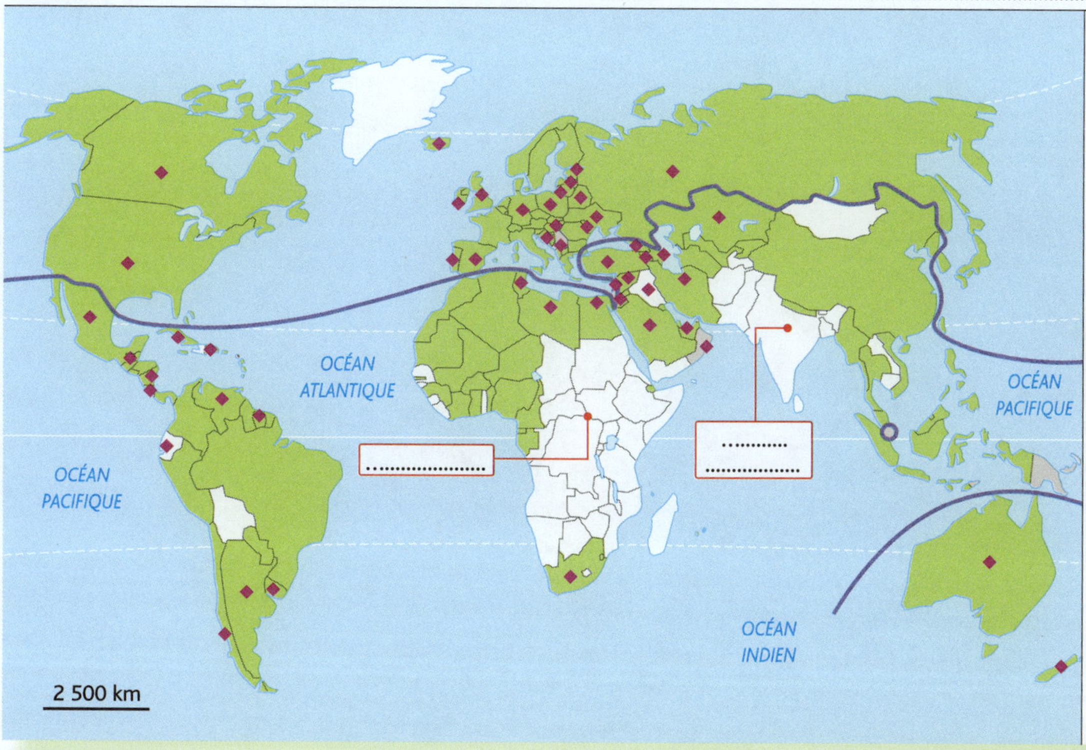

- disponibilité alimentaire .... (moins de 2 500 kcal/j) ; croissance démographique moyenne ou forte (plus de ..... % par an) ; pays en développement
- disponibilité alimentaire suffisante (plus de .... kcal/j) ; croissance démographique et niveau de développement variables
- ◆ ....
- limite Nord-Sud : limite entre pays développés et pays en développement

Je m'évalue

Socle 1, 2	Se repérer dans l'espace	○	○	○	○
Socle 1, 2	Pratiquer différents langages	○	○	○	○

Le changement climatique dans les Alpes (1)

Fiche 33

Comment le changement climatique se manifeste-t-il dans les Alpes ?

Document 1 Le village d'Argentière dans la vallée de Chamonix

1 Sur la carte (doc. 1), entoure le nom du massif montagneux où se situe la vallée de Chamonix.

2 Sur la photographie, écris le numéro des éléments suivants dans les cases correspondantes : ❶ Glaciers ❷ Forêt ❸ Village d'Argentière ❹ Pistes de ski ❺ Télécabine

3 Sur la photographie, hachure l'espace où les glaciers ont disparu.

4 D'après le document 2, entre 1963 et 2015 :

- la hauteur d'enneigement à Chamonix a diminué de .... cm ;
- la température moyenne annuelle a augmenté de .... degrés.

5 Comment l'évolution de la température et de l'enneigement explique-t-elle le recul des glaciers ?

....

....

Document 2 Évolution de l'enneigement et de la température à Chamonix (1963-2015)

Années	Nombre de cm de neige tombés dans l'année	Température moyenne annuelle en degrés C°
1963	490	5,7
1975	410	6,7
1984	300	7
1997	240	7,1
2006	210	7,8
2015	195	8,6

Sources : Météo France et www.infoclimat.fr, 2016.

6 Sur la photographie, colorie en rouge les cases correspondant aux aménagements permettant la pratique des sports d'hiver. Quel phénomène remet en question cette activité économique dans cette région ?

....

....

Je m'évalue

Socle 1, 2	Analyser un document	→ 4 5 6	○	○	○	○
Socle 1, 2	Se repérer dans l'espace	→ Je situe	○	○	○	○
Socle 1, 2	Pratiquer différents langages	→ 2 3 6	○	○	○	○

Le changement global dans les Alpes (2)

? *Comment les habitants des Alpes s'adaptent-ils au changement global ?*

Je définis

Le **changement global** est un changement planétaire incluant les changements environnementaux et les changements de société.

1 À l'aide du document 1, complète le tableau suivant.

Manifestations du changement global	Conséquences
....	• Recours à la neige de culture • Aménagements lourds en altitude (usines à neige, retenues d'eau) • Consommation accrue d'eau et d'énergie
Étés secs	• .... • ....
....	• .... • .... • .... • ....

Document 1 Le changement climatique dans les Alpes

« Moins de neige, c'est un impact direct sur l'économie touristique alpine, fortement dépendante du ski. Les stations de sports d'hiver recourent de plus en plus systématiquement à la neige de culture (à l'aide de canons à neige) pour sécuriser l'enneigement des pistes. Cela implique une consommation accrue d'eau et d'énergie et des aménagements lourds en altitude (usines à neige, retenues d'eau...).

Suite aux étés secs de 2003 à 2011, on a constaté d'importantes baisses de production fourragère et laitière dans les Alpes du Nord et des problèmes d'approvisionnement en eau.

Avec l'élévation des températures, des écroulements rocheux peuvent se produire comme cela arrive régulièrement depuis une dizaine d'années. Le changement climatique pourrait augmenter la fréquence et l'intensité des glissements de terrain, des inondations et des feux de forêt. »

Extrait du dépliant de sensibilisation « C'est chaud pour les Alpes ! », réalisé par Educ'Alpes, réseau d'éducation à la montagne alpine, www.educalpes.fr, déc. 2013.

2 D'après le document 2, qui peut être récompensé par le label Flocon vert ?

....

....

3 Souligne le nom des associations qui le décernent.

4 Qu'est-ce qui a permis à Chamonix de l'obtenir en 2013 ?

....

....

Document 2 La vallée de Chamonix obtient le label Flocon vert

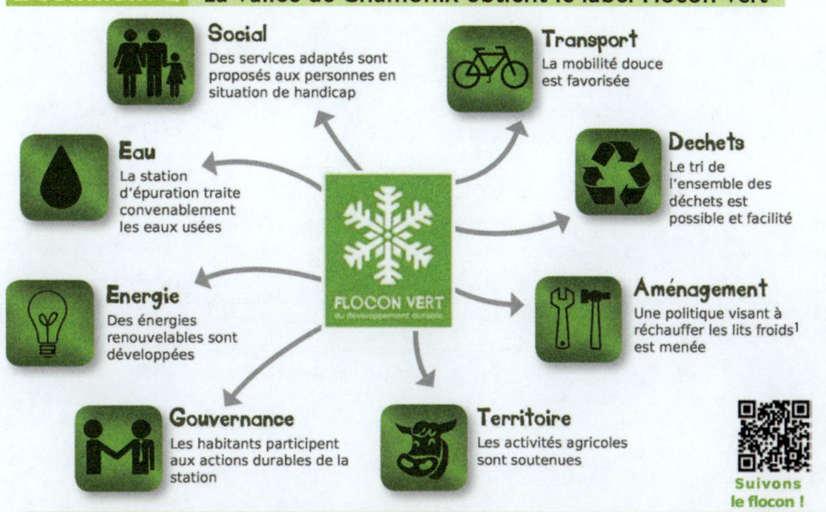

1. Les « lits froids » désignent les appartements inoccupés.

Le label Flocon vert récompense les stations de ski s'engageant pour le développement durable. Il est attribué par un comité de trois associations : Mountain Wilderness, la Fondation pour l'Éducation à l'Environnement en Europe (FEEE) et la Fondation Nicolas Hulot (FNH). En 2013, la vallée de Chamonix a obtenu ce label pour les actions menées en faveur du développement durable pour prévenir et s'adapter aux effets du changement global.

5 Le développement durable repose sur trois piliers : environnemental, social et économique. Cite une ou deux action(s) mise(s) en œuvre à Chamonix en faveur :

- de l'environnement : ....
- des habitants : ....
- de l'activité économique : ....

Je définis

Le **développement durable** est un développement qui satisfait les besoins du présent sans compromettre les capacités des générations futures à satisfaire les leurs.

Je m'évalue

Socle 1, 2	Analyser un document	→ 1 2 3 4 5	○ ○ ○ ○
Socle 1, 2	Pratiquer différents langages	→ 1	○ ○ ○ ○
Socle 1	Maîtriser le vocabulaire	→ Je définis	○ ○ ○ ○

Le changement global dans le monde

Fiche 35

Quels sont les effets du changement global ?

Document 1 Le changement climatique et ses conséquences dans le monde

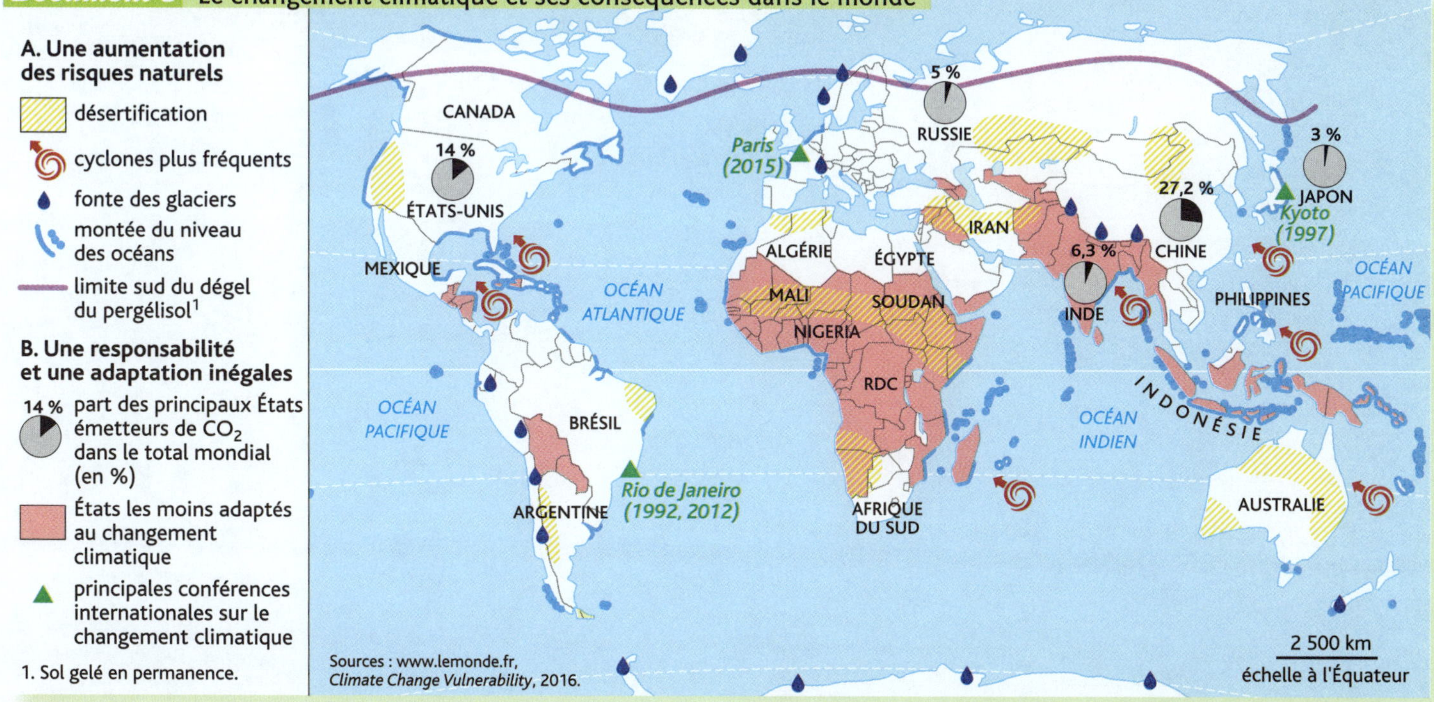

1 Sur la carte (doc. 1), entoure le nom des deux pays émettant le plus de CO_2.

2 Dans la légende, souligne ce que provoque le réchauffement climatique dans les régions polaires et les montagnes.

3 À quels risques naturels sont plus fréquemment exposés les littoraux ?

……………………………………………………………………

4 Quel continent est le plus touché par la désertification ?

……………………………………………………………………

Document 2 La collaboration des États face au changement climatique

« Adoptée lors du Sommet de la Terre de Rio de Janeiro en 1992, la Convention-Cadre des Nations unies sur le changement climatique (CNUCC) est le premier traité international sur le changement climatique […]. Ce traité reconnaît l'existence des changements climatiques et la responsabilité humaine de ce phénomène. Elle vise à stabiliser les émissions de gaz à effet de serre d'origine humaine dans l'atmosphère à un niveau qui ne met en danger le climat mondial. À ce jour, elle est signée par 195 pays et l'Union européenne. […] Il s'agit de maintenir le réchauffement climatique en deçà de 2 degrés d'ici la fin du siècle. »

Site Internet www.vie-publique.fr, 23 novembre 2015.

5 Quelle catégorie d'États est la moins adaptée au changement climatique (coche la bonne réponse) ?

☐ Les États développés

☐ Les États en développement

6 À quelles occasions les États se réunissent-ils pour trouver des solutions au changement climatique ?

……………………………………………………………………

……………………………………………………………………

7 Dans le document 2, souligne le nom du premier traité international sur le changement climatique et entoure sa date de création.

8 Selon ce traité, qui est responsable du réchauffement climatique ?

……………………………………………………………………

9 Quels sont les objectifs de ce traité international ?

……………………………………………………………………

……………………………………………………………………

……………………………………………………………………

Je m'évalue

Socle 1, 2	Analyser un document	→ 3 5 6 7 8 9	○ ○ ○ ○
Socle 1, 2	Se repérer dans l'espace	→ 1 4	○ ○ ○ ○
Socle 1, 2	Pratiquer différents langages	→ 1 2	○ ○ ○ ○

La centrale électrique de Fessenheim : un risque technologique (1)

Fiche 36

? *Pourquoi cette centrale nucléaire représente-t-elle un risque technologique ?*

Je définis

Un **risque** est un phénomène présentant un danger pour l'homme.

1 D'après le document 1, où est situé Fessenheim en France et à proximité de quels pays ?

....

....

2 Souligne dans la légende le risque technologique que représente la centrale nucléaire de Fessenheim.

3 Entoure la distance jusqu'à laquelle ce risque aurait des conséquences.

4 D'après les documents 1 et 2, montre qu'en cas d'accident nucléaire de nombreuses personnes seraient concernées.

....

....

5 Entoure le nom de l'association à l'origine du doc. 2.

6 Quels sont les arguments développés ici en faveur de la fermeture de cette centrale nucléaire ?

....

....

....

7 Retrouve les facteurs qui, selon cette association, accentuent le risque d'accident nucléaire.

- Facteurs naturels : ....

....

....

- Facteurs humains : ....

....

....

8 Entoure la quantité de déchets radioactifs produite par la centrale. Souligne en quoi c'est un danger pour les hommes et leur environnement.

Document 1 La localisation de la centrale

Document 2 Les facteurs accentuant le risque technologique à Fessenheim

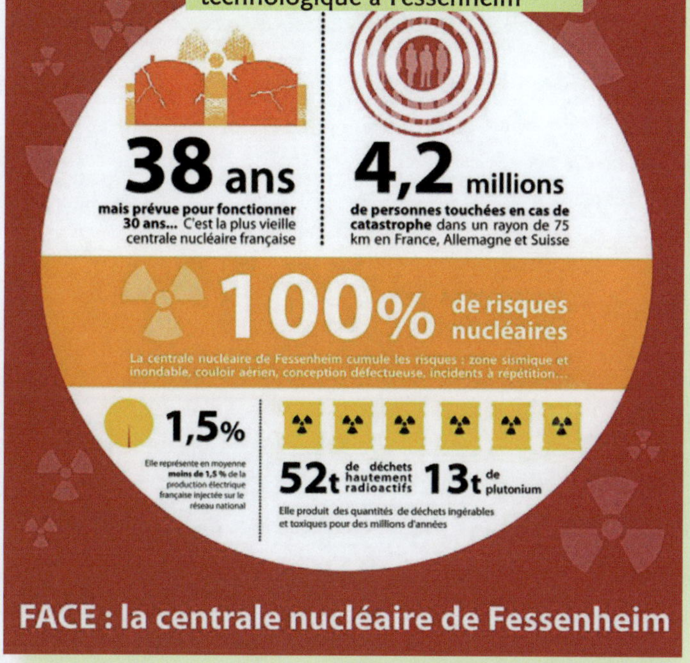

Données du Réseau Sortir du nucléaire, 2016.

9 Enquête Web

Site web
Les risques majeurs
hatier-clic.fr/fhg501

Sur une feuille à part, décris deux exemples d'accidents technologiques industriels.

Je m'évalue

Socle 1, 2	Analyser un document	→ 1 4 6 7 8	○	○	○	○
Socle 1, 2	Pratiquer différents langages	→ 2 3 5	○	○	○	○
Socle 1, 2, 3	S'informer dans le monde du numérique	→ 9	○	○	○	○

Prévenir le risque nucléaire à Fessenheim (2)

? *Quelles mesures de prévention sont mises en place à Fessenheim ?*

1 À l'aide du document 1, complète le tableau ci-dessous.

Acteurs	Documents élaborés	Actions
....	....	Prévenir les accidents dans ses centrales nucléaires
....	Des réglementations	....
....	....	....
Préfet du Haut Rhin	....	....

2 Dans le texte, entoure l'unique acteur qui agit à l'échelle nationale.

3 Quelle est la nature du document 2 ?

☐ Une affiche publicitaire ☐ Une affiche électorale ☐ Une affiche de prévention

4 En légende, souligne à qui s'adresse cette affiche.

5 Entoure en bleu les acteurs qui organisent cette campagne d'information.

6 Quel est le but de cette affiche ?

....

7 Par quels moyens la population est-elle informée d'une alerte nucléaire ?

....

8 En cas d'alerte nucléaire, quels sont les deux premiers réflexes à avoir ?

....

9 Entoure en rouge deux comportements à éviter ou à limiter.

10 Dans quel cas les réflexes 5 et 6 doivent-ils être appliqués ?

☐ Un incident se limitant à une alerte

☐ Un incident tournant à la catastrophe

Document 1 Les acteurs de la sûreté nucléaire

« **Électricité de France (EDF)** est le premier responsable de la sûreté nucléaire en France. [...] EDF met en œuvre toutes les dispositions techniques humaines et organisationnelles pour prévenir les accidents dans ses centrales nucléaires dans le cadre d'un plan d'urgence interne (PUI).

L'**Autorité de sûreté nucléaire (ASN)** de Strasbourg est chargée de contrôler les activités nucléaires civiles à Fessenheim pour protéger les populations et l'environnement. Elle élabore des règlementations sur l'activité nucléaire, effectue des contrôles des installations et des activités nucléaires et participe à l'information du public.

La **commune de Fessenheim** a élaboré un plan communal de sauvegarde (PCS) pour alerter, informer, sauvegarder et soutenir la population. Elle doit limiter les constructions dans un périmètre de 2 km autour de la centrale.

En cas de crise nucléaire, le **préfet du département du Haut-Rhin** dirige les opérations de secours dans le cadre du plan particulier d'intervention (PPI).

D'après le document d'information communal sur les risques majeurs (DICRIM) de la commune de Fessenheim, nov. 2012.

Document 2 Réagir face à une alerte nucléaire

Affiche réalisée en janvier 2016 dans le cadre d'une campagne d'information destinée aux habitants vivant dans un rayon de 10 km autour d'une centrale nucléaire d'EDF.

Je m'évalue

Socle 1, 2	Analyser un document	→ 2 3 4 6 7 8 10	○ ○ ○ ○
Socle 1, 2	Pratiquer différents langages	→ 1 5 9	○ ○ ○ ○

Risques technologiques et industriels dans le monde

Fiche 38

? *À quels risques technologiques et industriels les sociétés sont-elles exposées ?*

Je définis
Un **risque** est un phénomène présentant un danger pour l'homme.

1 À quel type de graphique correspond le document 1 ?

☐ Un diagramme circulaire ☐ Un graphique en courbe ☐ Un histogramme

2 Que représente ce graphique et sur quelle période ?

....

3 Comment a évolué le nombre de catastrophes technologiques entre 1966 et 2005 ?

....

4 Quelle information montre que la prévention des risques technologiques a une efficacité à partir de 2005 ?

....

Document 1 L'évolution du nombre de catastrophes technologiques dans le monde

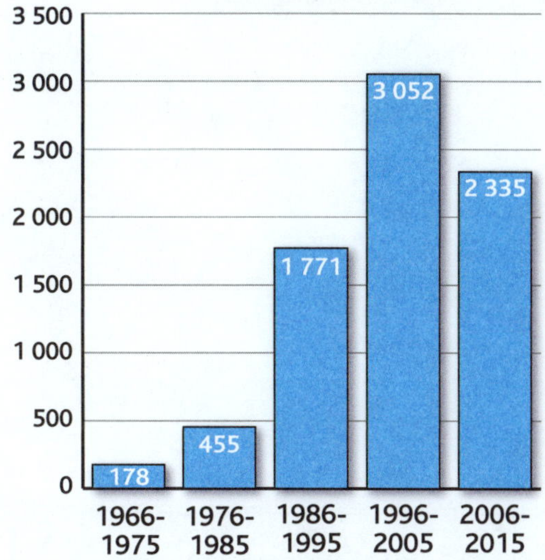

Source : International disaster database, 2016.

Document 2 Les catastrophes technologiques et industrielles dans le monde

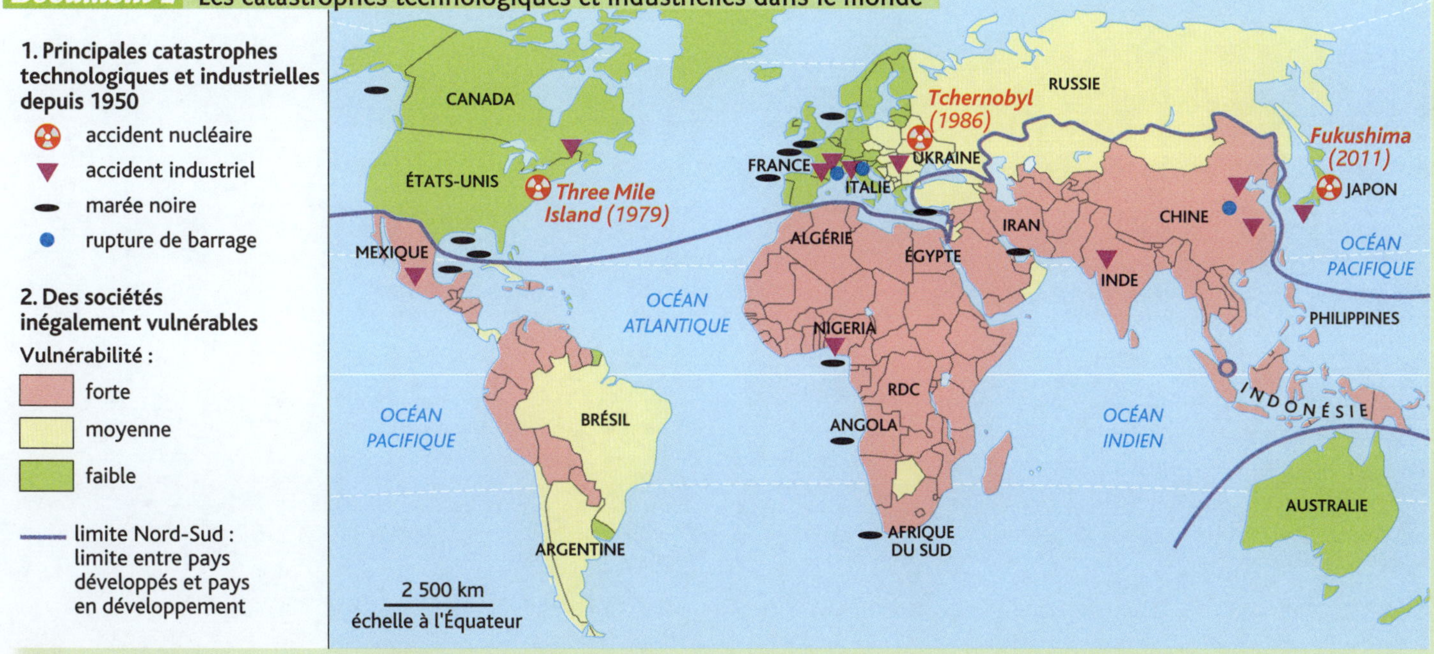

5 Sur la carte (doc. 2), entoure l'accident nucléaire le plus récent.

6 Souligne dans la légende la catastrophe provoquant de graves conséquences sur les mers et les océans.

7 Dans quelle catégorie de pays les catastrophes technologiques et industrielles sont-elles les plus nombreuses ? Pourquoi selon toi ?

....

....

8 Quelle catégorie de pays est la plus vulnérable face à ces catastrophes ?

....

Je m'évalue

Socle 1, 2	Analyser un document	→ 1 2 3 4 7 8	○ ○ ○ ○
Socle 1, 2	Pratiquer différents langages	→ 5 6	○ ○ ○ ○
Socle 1	Maîtriser différents langages	→ *Je définis*	○ ○ ○ ○

Se repérer dans l'espace

Connaître les grands repères géographiques et localiser les paysages étudiés

Fiche Repères

En suivant la légende, complète les cases du planisphère en écrivant le nom des repères géographiques étudiés.

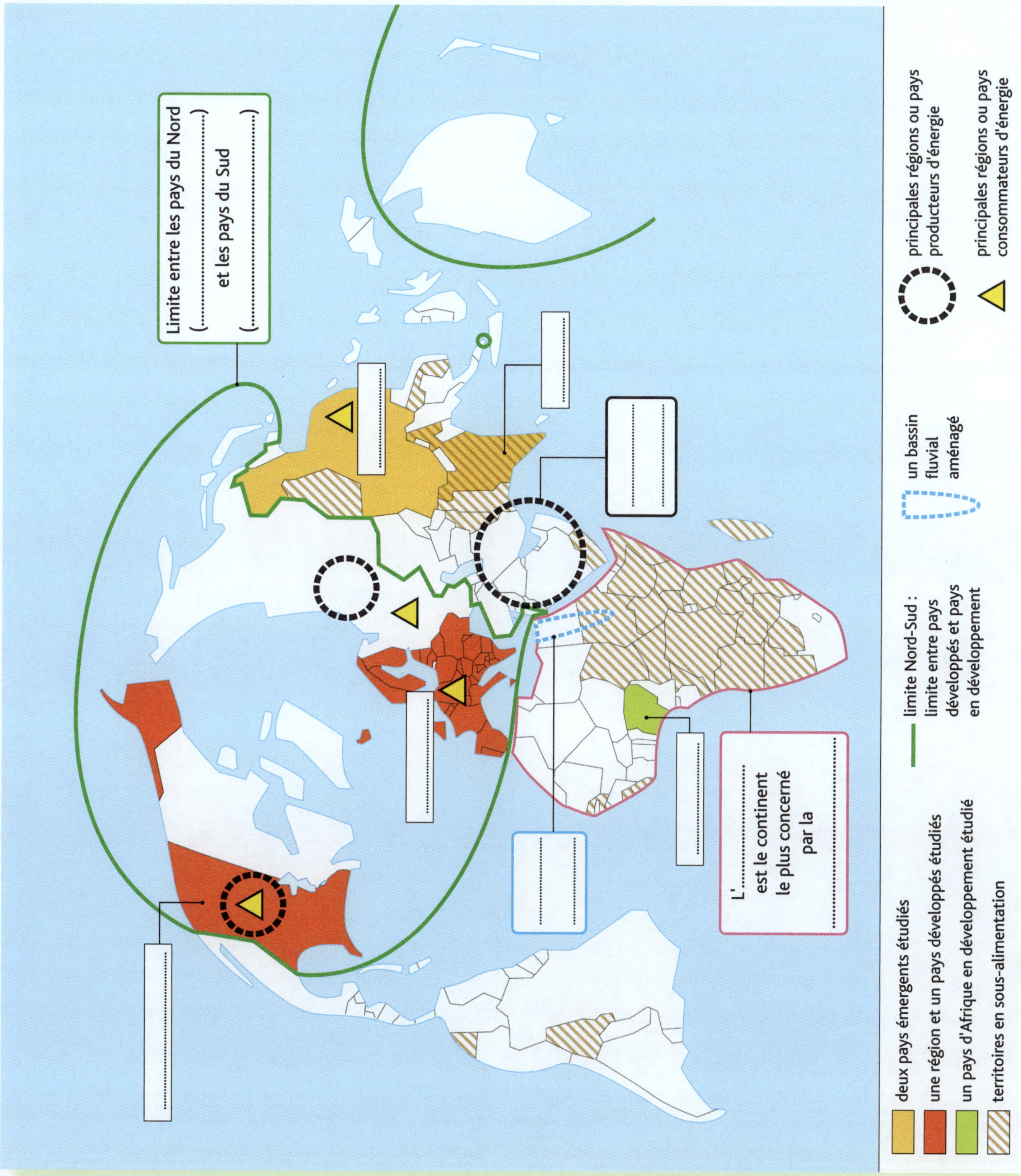

Je m'évalue

Socle 1, 2	Se repérer dans l'espace	○	○	○	○
Socle 1, 2	Pratiquer différents langages	○	○	○	○
Socle 1	Maîtriser le vocabulaire	○	○	○	○

L'identité d'une personne

Quelles sont les composantes de l'identité d'une personne ?

Je définis

L'**identité** d'une personne comprend :
– l'**identité légale** : l'ensemble des données officielles permettant d'individualiser quelqu'un (date et lieu de naissance, nom, prénom, filiation, etc.) ;
– l'**identité personnelle** : le caractère permanent et fondamental de quelqu'un, qui fait son individualité, sa singularité.

Document 1 Le droit à l'identité — DOCUMENT DE RÉFÉRENCE

« Le droit de chaque enfant d'avoir une identité est un droit humain fondamental qui permet à chaque personne de pouvoir jouir de l'ensemble de ces droits. L'identité [légale] regroupe le nom, le prénom, la date de naissance, le sexe et la nationalité de la personne... Grâce à ces informations, une personne sera titulaire de droits et obligations spécifiques à son statut (femme, homme, enfant, handicapé, réfugié, etc.).
L'identité permet l'intégration de chaque enfant au sein de la société et de bénéficier des services sociaux essentiels. Elle apporte une protection juridique adaptée à chaque enfant par le biais de ses parents et de l'État. »

D'après la Convention internationale des droits de l'enfant, 1989.

1 D'après le document 1, à quoi chaque enfant a-t-il droit dès sa naissance ?

....

....

....

2 Entoure le nom du texte qui le proclame et sa date.

3 Souligne en vert ce qu'est l'identité légale et ce qu'elle apporte à chaque enfant.

4 Souligne en rouge pourquoi l'identité d'un enfant est importante pour sa vie dans la société.

Document 2 L'identité personnelle de Marie-Amélie Le Fur

« Marie-Amélie Le Fur est née le 26 septembre 1988 à Vendôme (Loir-et-Cher). Elle pratique l'athlétisme depuis l'âge de 6 ans encouragée par des parents très sportifs. Elle décroche de nombreux titres départementaux, régionaux, puis nationaux.
En 2004, victime d'un grave accident de scooter, elle est amputée sous le genou de sa jambe gauche. Très vite, elle entame une rééducation sportive avec son entraîneur. Grâce à son entourage familial et amical, elle reprend goût à la vie et fait des projets.
C'est au cours du tournage d'un téléfilm que sa reprise sportive s'est faite, et à cette occasion on lui offre sa première prothèse. En 2005, elle participe à ses premières compétitions handisport et devient championne de France du 200 m, puis championne du monde jeune du combiné 100 m-200 m et du 800 m.
En 2012, après 8 années de travail et d'entraînements intensifs, elle devient championne paralympique sur 100 m. "Une belle récompense personnelle certes, mais aussi pour tous ceux qui ont été présents pour moi tout au long de ces années."
Outre son entourage, Marie-Amélie est soutenue par ses sponsors qui financent son matériel sportif (10 000 euros). Elle a obtenu trois médailles lors des derniers Jeux paralympiques de Rio en 2016.
Elle voulait devenir pompier professionnel mais son handicap l'en a empêchée. Après avoir réalisé un Master en STAPS (Sciences et Techniques des activités physiques et sportives), elle est chargée de communication chez EDF pour promouvoir leur engagement auprès du sport et du handicap. Elle participe aussi à des activités de sensibilisation auprès des jeunes dans les écoles. »

D'après le site Internet de Marie-Amélie Le Fur, www.marie-amelie-lefur.fr, 2016.

5 D'après le document 2, relève quelques éléments de l'identité personnelle de Marie-Amélie Le Fur.

- Sa famille : ....
- Ses passions : ....
- Son handicap et son parcours sportif : ....
....
- Ses rencontres et soutiens : ....
- Ses études et sa carrière professionnelle : ....
....
- Son engagement : ....

6 D'après la définition en haut de la fiche et les documents, quelles sont les deux composantes de l'identité d'une personne ?

....

....

Je m'évalue

Socle 3	La sensibilté		○	○	○	○
	Le droit et la règle		○	○	○	○
Socle 1	Maîtriser le vocabulaire	→ *Je définis*	○	○	○	○

Ton identité

? *Qu'est-ce qui fait ton identité ?*

Document 1 Des pièces officielles d'identité

1 D'après le document 1, quels documents officiels prouvent ton identité légale ?

....

....

....

....

2 Écris ci-dessous les éléments de ton identité légale.

....

....

....

....

3 Complète le schéma de ton identité personnelle.

Document 2 Mon identité personnelle

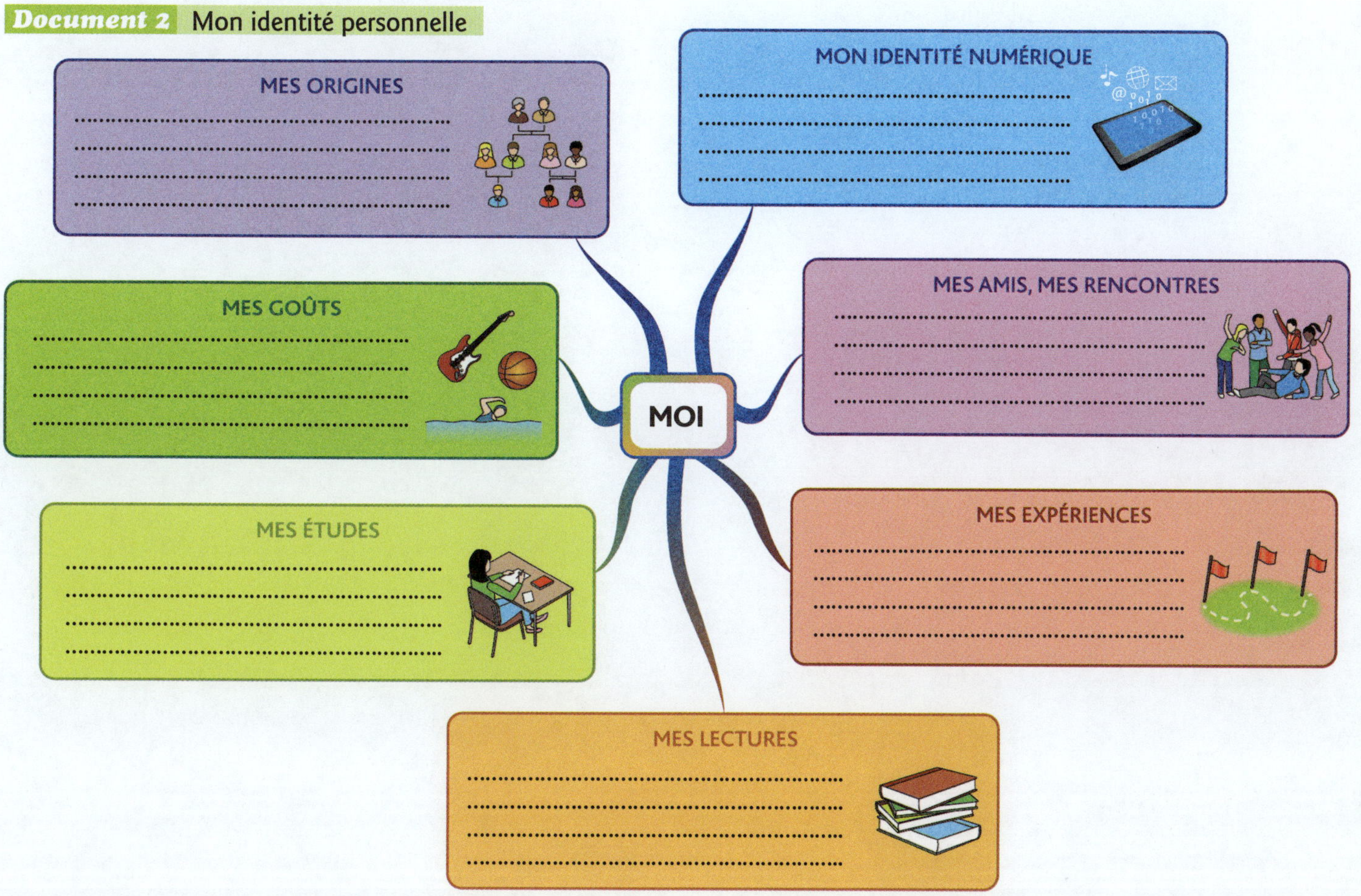

Je m'évalue

Socle 3	La sensibilté	○	○	○	○
	Le droit et la règle	○	○	○	○

Le droit au respect de chacun

Pourquoi cette valeur est-elle la condition pour bien vivre et étudier ensemble ?

Je définis
Les **valeurs** sont les principes fondamentaux qui guident la vie en collectivité.

1 Quelle est la nature du document 1 ?

....

2 Identifie les éléments qui le composent en écrivant le numéro dans la case correspondante :
❶ L'auteur ou le commanditaire
❷ Le slogan
❸ L'image

3 Quel est le message de ce document et quelle valeur met-il en avant ?

....

....

....

4 Décris l'image.

....

....

....

....

5 En quoi l'image renforce-t-elle le slogan de l'affiche ?

....

....

....

6 Que penses-tu de cette action du MRAP et pourquoi est-elle nécessaire ? Développe ta réponse avec des arguments et des exemples.

....

....

....

....

Document 1 Une affiche du MRAP

Affiche du MRAP, le Mouvement contre le racisme et l'amitié entre les peuples, 2011.

Projet de groupe **Créer une affiche défendant le droit à la différence**

Par petits groupes de travail :
- **préparer le slogan** : trouvez des mots qui évoquent une valeur qui vous paraît importante à défendre. Le slogan doit être court (une phrase au maximum) ;
- **choisir ou dessiner une illustration** pour accompagner le slogan.

Conseil Pensez à varier la typographie (caractères des lettres, gras, couleurs, orientation du texte...).

Je m'évalue

Socle 3	La sensibilté		○	○	○	○
Socle 1	Maîtriser le vocabulaire	→ *Je définis*	○	○	○	○

L'égalité

Quelles sont les différentes dimensions de l'égalité ?

Je définis

L'**égalité** se décline en trois dimensions : égalité des droits, égalité des chances et égalité des conditions.

Document 1 L'égalité en droits

DOCUMENT DE RÉFÉRENCE

« **Art. 1er.** Les hommes naissent et demeurent libres et égaux en droits. [...] **Art. 6.** La Loi est l'expression de la volonté générale. [...] Elle doit être la même pour tous, soit qu'elle protège, soit qu'elle punisse. Tous les citoyens étant égaux à ses yeux sont également admissibles à toutes dignités, places et emplois publics, selon leur capacité, et sans autre distinction que celle de leurs vertus et de leurs talents. »

Déclaration des droits de l'homme et du citoyen, 1789.

Document 2 L'égalité des chances ?

Caricature anglaise (dessinateur inconnu).
Traduction : « Afin d'assurer une sélection juste et correcte, l'examen sera le même pour tous : Grimpez sur l'arbre. »

Document 3 L'égalité des conditions ?

« Quant à l'égalité des conditions, elle est à la fois un horizon utopique[1], une aspiration populaire profondément ancrée, mais aussi par moments un repoussoir : nous trouverions tous injuste une société où ni le travail et les efforts, ni le mérite, ni la responsabilité, ni même les qualités naturelles ne seraient reconnus, récompensés et encouragés.
En même temps, nous ne cessons de penser que la plupart des inégalités existantes, les différences de fortune, de statut, de traitement par les institutions, sont injustifiées et souvent insupportables. »

Joël Roman, *De l'égalité des droits à une exigence de reconnaissance*, in *Diasporiques* n° 19, septembre 2012, D.R.

1. L'utopie est une représentation d'une réalité idéale, sans défaut et impossible à réaliser.

1 Sur le document 1, souligne le nom et la date du texte.

2 Quelle forme d'égalité affirme-t-il ?

....

....

3 Dans l'article 6, entoure en rouge ce qui garantit cette égalité en droits.

4 Étudie le dessin en document 2 :

- Pour quelle raison ces animaux sont-ils réunis ?

....

....

....

....

....

- Comment le dessinateur traite-t-il de façon humoristique la question de l'égalité des chances ?

....

....

....

....

....

....

5 Enquête Web

Site web
Le site de l'Onisep
hatier-clic.fr/fhg502

Recherche un dispositif pour l'égalité des chances au collège et résume-le sur une feuille à part.

6 Dans le document 3, souligne en rouge l'argument montrant que l'égalité des conditions est une utopie.

7 Souligne en vert l'argument qui justifie de corriger les inégalités de conditions.

Je m'évalue

Socle 3	Le jugement		○	○	○	○
	Le droit et la règle		○	○	○	○
Socle 1	Maîtriser le vocabulaire	→ Je définis	○	○	○	○

Combattre les discriminations

? *Quelles sont les discriminations et comment les combattre ?*

Je définis

Discriminer, c'est traiter de manière défavorable une personne plus qu'une autre, dans une situation comparable et pour un motif prohibé.

Un **délit** est une infraction jugée par le tribunal correctionnel. La peine encourue pour les délits les plus graves ne dépasse pas une durée d'emprisonnement maximum de 10 ans.

Document 1 La discrimination est interdite et punie par la loi

A. « Une discrimination est une inégalité de traitement fondée sur un critère interdit par la loi (sexe, âge, état de santé...) et dans un domaine cité par la loi (accès à un service, embauche...). À ce jour, 20 critères de discrimination ("critères prohibés") sont fixés par la loi. Ainsi, défavoriser une personne en raison de ses origines, son sexe, son âge, son état de santé, ses opinions... est formellement interdit par la loi et les conventions internationales approuvées par la France. »

Site internet www.defenseurdesdroits.fr, 2016.

B. La discrimination est un délit

« L'article 225-2 du code pénal punit la discrimination commise à l'égard d'une personne physique ou morale d'au maximum trois ans d'emprisonnement et de 45 000 euros d'amende. »

Document 2 Une affiche du Conseil régional Midi-Pyrénées (2010)

Dans le cadre de la Journée internationale de lutte contre les violences faites aux femmes, la région Midi-Pyrénées a organisé, le 25 novembre, une journée thématique intitulée « Toute inégalité est violence ».

1 Dans le texte A (doc. 1), souligne ce qu'est une discrimination.

2 Entoure le nombre de critères interdits par la loi.

3 Dans le texte B, souligne ce à quoi s'expose l'auteur d'une discrimination.

4 Enquête Web

Sur une feuille à part, réponds aux questions suivantes.

Site web – Le défenseur des droits – hatier-clic.fr/fhg503

- Qu'est-ce que « Le Défenseur des droits » ?
- Quelles sont ses deux missions ?

Site web – Témoignages de discrimination – hatier-clic.fr/fhg504

- Parmi ces témoignages, choisis-en un : quelle discrimination a été constatée et quelle a été la solution ?

5 Présentez le document 2 : nature, commanditaire et thème.

....

....

....

....

....

6 Que dénonce cette affiche ? Comment l'image renforce-t-elle son message ?

....

....

....

....

....

7 Comment appelle-t-on ce type de discrimination ?

....

....

....

Je m'évalue

Socle 3	Le jugement		○	○	○	○
	Le droit et la règle		○	○	○	○
Socle 1	Maîtriser le vocabulaire	→ *Je définis*	○	○	○	○

La solidarité

? *Comment et pourquoi être solidaire dans le monde actuel ?*

1 À quoi cette affiche appelle-t-elle et quel est son slogan ?

....

....

2 Observe les personnages sur l'image : comment l'aspect international de cette Semaine est-il illustré ?

....

....

3 À travers quelques personnages, montre que chacun d'entre nous peut, à son niveau, s'engager dans la construction d'un monde meilleur.

....

....

....

4 D'après le document 2, qui organise cette action de solidarité et en quoi consiste-t-elle ?

....

....

5 Entoure le but de leur action et le nom de l'association partenaire.

6 Souligne l'objectif de cette association et ce qu'elle fait.

7 De quoi ces élèves ont-ils pris conscience ?

....

....

....

8 À ton avis, pourquoi est-il nécessaire d'être solidaire des autres ? À quel type d'action aimerais-tu participer ?

....

....

....

Document 1 Affiche de la Semaine de la solidarité internationale (SSI) en 2016

À partir de 2017, la Semaine de la solidarité internationale devient le Festival des Solidarités.

Document 2 Des collégiens solidaires

« Les élèves de 5e du collège Louise-Michel (dans le Gers, près de Toulouse) organisent un vide-armoires dans l'enceinte du collège, demain, de 9 heures à 12 heures, où de nombreux vêtements et accessoires feront le bonheur des visiteurs. C'est pour ces collégiens l'occasion de mettre en place une action citoyenne, en liaison avec leur programme d'enseignement moral et civique. Ils travaillent, en effet, depuis des semaines, avec leur enseignante, sur ce projet dont les bénéfices seront entièrement reversés à l'association École pour Tous Ziniaré. Cette association a pour objectif de scolariser des enfants défavorisés au Burkina Faso. À l'heure actuelle, l'association prend en charge les frais de scolarité d'environ 160 enfants dont les familles n'ont pas les moyens de payer les frais de scolarité obligatoires. De plus, depuis 2006, de nombreux enseignants français se sont rendus sur place afin de dispenser des cours de soutien pendant les vacances d'été, même si, cet été, aucun d'entre eux ne fera le voyage du fait des récents actes terroristes qui ont touché le Burkina Faso. Ce travail a également permis aux élèves de prendre conscience des grandes différences quant aux possibilités d'accès à l'éducation, selon que l'on naisse en France ou dans un pays en voie de développement. »

D'après *La Dépêche du Midi*, 24 juin 2016.

Je m'évalue

Socle 3 L'engagement ○ ○ ○ ○

Les risques majeurs (1)

? *Quels sont les principaux risques majeurs dans le monde ?*

Je définis

Un **risque** est un phénomène présentant un danger pour l'homme. Un **risque majeur** présente deux critères : une faible fréquence des catastrophes et une énorme gravité (beaucoup de victimes et de dommages).

Document 1 Les différents risques majeurs dans le monde

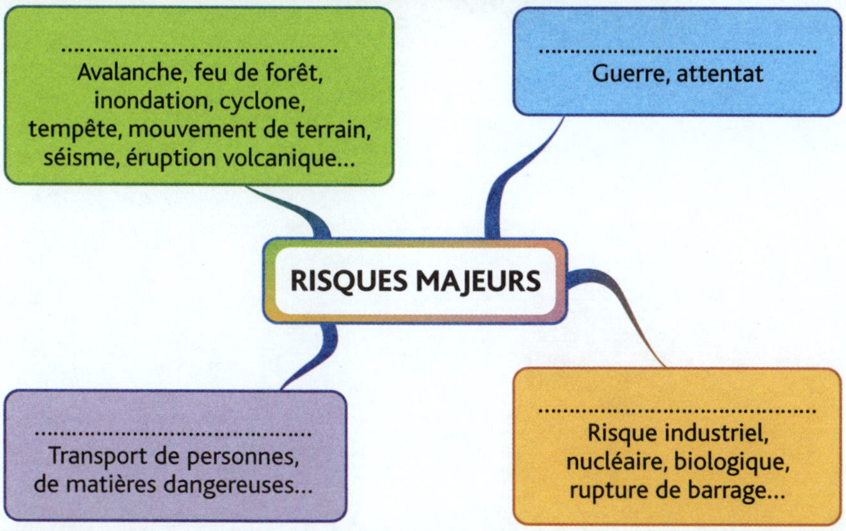

1 Écris sur le schéma ci-contre les quatre types de risques majeurs :
Risques technologiques • Risques naturels • Risques liés au transport • Risques liés aux conflits

2 Quelle différence fais-tu entre risque technologique et risque naturel ?

....

....

....

Document 2 Le trajet de l'ouragan Matthew

Document 3 Ouragan Matthew : le bilan s'alourdit en Haïti et aux États-Unis

a. « L'ouragan, le plus violent des Caraïbes depuis dix ans, a frappé Haïti mardi, avec des vents soufflant à 230 km/h et des pluies torrentielles. Le nombre de personnes tuées en Haïti par cet ouragan a dépassé la barre des 1 000, dimanche 9 octobre. Aux États-Unis, Matthew, rétrogradé en cyclone post-tropical, a tué 17 personnes et laissé plus de deux millions de foyers et d'entreprises sans courant électrique. En Caroline du Nord, où l'on compte huit morts, le gouverneur a lancé un appel à l'aide. Selon lui, 877 opérations de sauvetage ont été effectuées dans la nuit de samedi à dimanche, dont 500 dans le comté de Cumberland. » (D'après www.francetvinfo.fr, 10 octobre 2016, D.R.)

b. « [En Haïti], plus de 29 000 maisons ont été détruites rien que dans le Sud. Plus de 21 000 personnes ont été évacuées et 350 000 ont besoin d'assistance, selon le bureau de coordination des affaires humanitaires de l'ONU. Avec les inondations, les autorités et plusieurs ONG redoutent une forte recrudescence des cas de choléra. Les priorités sont "l'approvisionnement en eau potable" et "les opérations d'assainissement" de l'eau, explique l'ONG Acted, présente dans le Sud-Ouest de l'île. » (© Le Monde.fr & AFP, 7 octobre 2016.)

3 D'après les documents 2 et 3, quelle catastrophe a frappé Haïti et les États-Unis ? À quel type de risque correspond-elle ?

....

....

4 Relève deux informations montrant la force de cet ouragan dans les deux documents.

....

....

5 Dans le texte, souligne en rouge le nombre des victimes dans les deux pays et, en vert, les dégâts provoqués par l'ouragan Matthew.

6 En comparant la situation de ces deux pays, quelle inégalité constates-tu face aux risques majeurs ?

....

....

....

....

Je m'évalue

Socle 3	L'engagement		○ ○ ○ ○
Socle 1	Maîtriser le vocabulaire	→ *Je définis*	○ ○ ○ ○

Prévenir et gérer les risques majeurs (2)

Fiche 46

Comment s'organise la prévention des risques ?

Document 1 Les bons réflexes à avoir en cas de danger ou d'alerte

Module pour créer une affiche d'information sur les risques majeurs, www.risques-affiches.info.

1 Dans la case 1 du document 1, écris le nom de ton établissement, ta commune et le numéro de ton département.

2 Sur le site de radiofrance, cherche la fréquence correspondant à ta commune et note-la dans la case 2 du document 1.

3 Enquête Web

Site web
Les risques
hatier-clic.fr/fhg505

Quels sont les risques répertoriés dans ta commune ?

....

....

....

Document 2 Le plan Orsec : la chaîne de secours en situation d'urgence

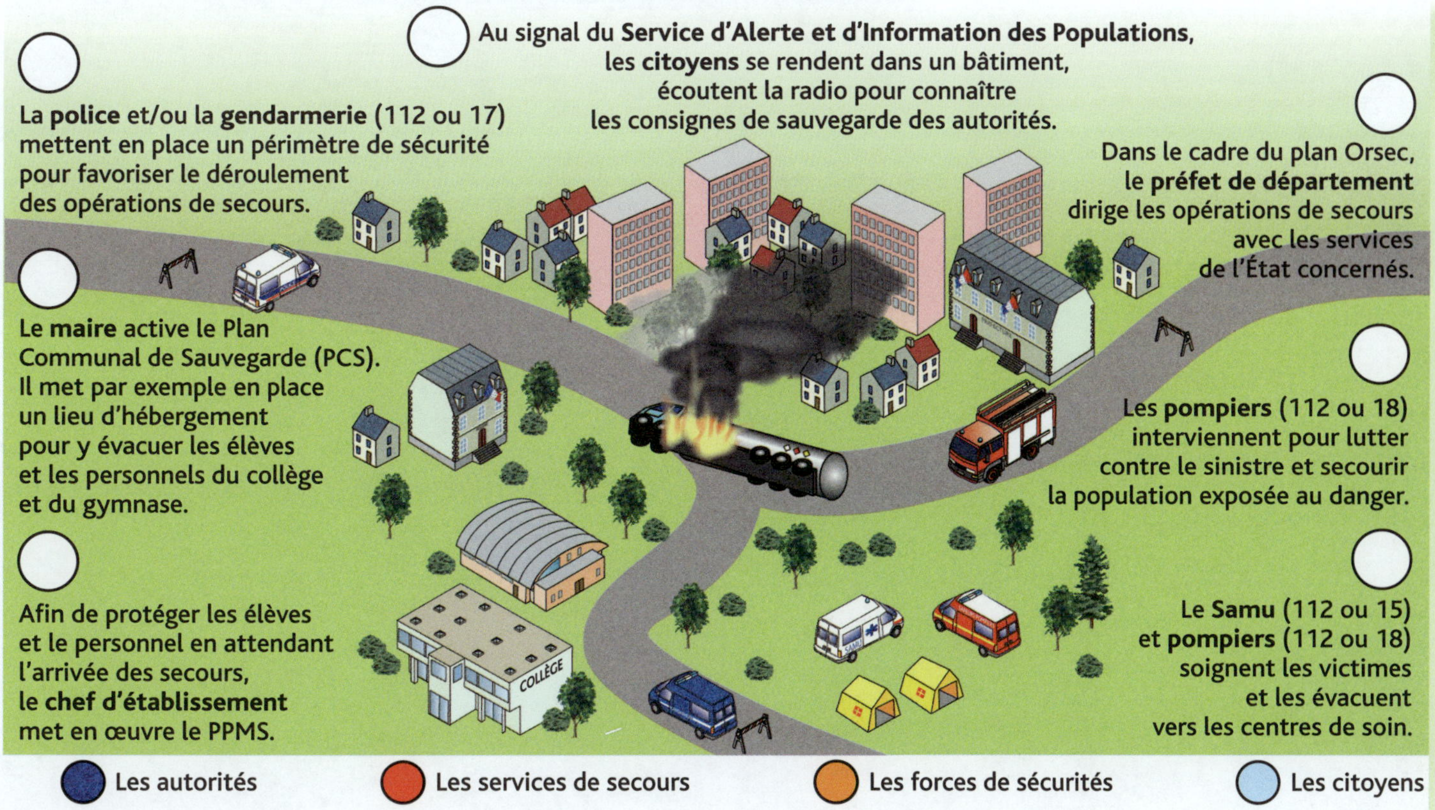

4 Selon le document 2, quel plan est mis en place pour faire face à une catastrophe ?

....

5 Sur le document 2, identifie les différents acteurs concernés en cas de situation d'urgence en coloriant chaque puce selon la légende.

Je m'évalue

Socle 3	L'engagement

Achevé d'imprimer en Italie par L.E.G.O. S.p.A. - Lavis (TN)
Dépôt légal : 00056-8/03 - Juillet 2018